Cuba

LUIS ORTEGA (La Habana, 1916). Se graduó en Bachiller en Letras en el Instituto de La Habana. Matriculó en las Escuelas de Filosofía y Derecho de la Universidad de La Habana, pero nunca llegó a graduarse. Estudió en 1956 y 1957 en la Universidad Central de Madrid. En 1964 tomó cursos en la Universidad de Miami. En 1966 empezó en la Universidad de Pittsburgh, Pennsylvania y obtuvo un Master en 1968 y un Doctorado en 1976. Estudió también en la Universidad de Chapel Hill, en Carolina del Norte.

Empieza a trabajar en 1935, en periódicos miserables; por esos años participa en la publicación de revistas literarias y tiene vínculos con algunos integrantes de la Generación de Orígenes. En 1942 ingresa como reportero en el diario *Prensa Libre*, donde permanece durante diez años, hasta el golpe de Estado de Fulgencio Batista, el 10 de marzo de 1952. Llegó a ocupar el cargo de Jefe de Información y su columna *Pasquín*, la cual firmaba con el seudónimo *Sol*, tuvo una considerable influencia en la opinión pública. En 1953, organizó la empresa del diario *Pueblo* que salió bajo su dirección.

El 27 de julio de 1953, cuando el diario iba a publicarse con una información completa sobre lo ocurrido en los cuarteles Moncada y Carlos Manuel de Céspedes, la policía de la tiranía destruyó las planas y agredió a Ortega. Pocos días después salió al exilio y denunció en la Sociedad Interamericana de Prensa (SIP), en México, la censura impuesta por Batista. Comenzó a escribir una columna en el *Diario Las Américas*, que se acababa de fundar. A partir de 1954 fue corresponsal viajero de la revista *Bohemia*, en Europa y América Latina, con residencia en Miami.

Al triunfo de la Revolución Cubana, en enero de 1959, regresa a Cuba, se marcha clandestinamente en mayo del propio año, por no simpatizar con el proceso revolucionario.

Durante los primeros años de la Revolución, fue uno de sus más agresivos censores, y fundador del exilio cubano. Sin embargo, desde los inicios mantuvo una posición de condena frente a los manejos estadounidenses. Criticó severamente la invasión mercenaria de Playa Girón y nunca formó parte de los grupos anti-castristas. Ha publicado varios libros sobre Cuba y sobre la revolución. Inclusive gestó en 1975, en Nueva York, un libro de texto para la educación bilingüe.

Su tarea principal, a través de los años, ha sido la periodística. Colaboró durante unos meses en el *Nuevo Herald*, de Miami, pero renunció por las presiones que existían en el periódico. Mantiene actualmente una columna semanal en el Diario *La Prensa*, de Nueva York. Colabora con la revista *Contrapunto*.

Cubanos en Miami

Luis Ortega

Política

EDITORIAL DE CIENCIAS SOCIALES, LA HABANA, 1998

Edición: Mayra Díaz Arango
Diseño: Francisco Masvidal Gómez
Realización: Xiomara Gálvez Rosabal
Composición: Golde Szklarz Grinfeld
Corrección: Natacha Fajardo Álvarez y Pilar Jiménez Castro

© Luis Ortega, 1998
© Sobre la presente edición:
   Editorial de Ciencias Sociales, 1998

ISBN 959-06-0365-3

Estimado lector, le estaremos muy agradecidos si nos hace llegar su opinión, por escrito, acerca de este libro y nuestras ediciones.

Instituto Cubano del Libro, Editorial de Ciencias Sociales, Calle 14, no. 4104, Playa, Ciudad de La Habana, Cuba.

ÍNDICE

Prólogo / IX
Introducción / 1
Hay que decir la verdad sobre el éxodo / 15
Elogio de la mediocridad / 19
Teoría del callejón sin salida / 23
Los cubanos acaban de descubrir el feo rostro del imperio / 27
Política sin ideales y sin vergüenza / 35
Miami, una invitación al desastre / 40
Los emigrantes de Exilio City / 45
Una isla en carne viva / 50
El juego de las máscaras / 54
Invitación a la humildad / 58
Miami en la dimensión del disparate / 62
El sueño convertido en pesadilla / 66
Las dos imágenes de Fidel Castro / 74
Retorno a la Nación / 80
Washington y la arrogancia del poder / 86
Observaciones sobre el proyecto plattista del *Atlantic Council* / 90
Nuestra vocación por el molote / 97
Los orígenes del anti-castrismo / 100
Elogio del anonimato / 103
El duro pan del exilio / 109
Historia de Camilo y el inquisidor / 114
El nacionalismo cubano está vivo / 118
La locura de Castro / 121
El camino de la paz / 128
Miami: el crepúsculo del patriotismo / 133
El otro rostro de la realidad / 139

Monólogo frente al espejo / 142
Washington quiere devolverle a España
la vieja colonia de Cuba / 145
Un muerto peligroso / 150
Casi un elogio del suicidio / 152
¡Qué vivan las cadenas! / 156
Una mirada crítica al futuro / 159
Aviso para turistas y personas decentes /164

Para Olga, mi cómplice

Prólogo

Luis Ortega constituye un excepcional cronista de su época. Ha vivido mucho y experimentado en carne propia algunos de los momentos más memorables del siglo XX cubano. Es difícil, en su caso, determinar cuándo la palabra escrita deja de ser testigo, para convertirse en protagonista de los acontecimientos que relata. Los hombres como él conciben la historia como algo ocurrido mediante las anécdotas de la vida cotidiana, aquéllo que pudieron tocar, oler, saborear, que los mordió al menor descuido. Por ello, nos la cuenta con un lenguaje llano y familiar, sin duda, académico, con el humor y la certeza indubitable que define el carácter del criollo.

Su ironía no es una espada que corta fino y suave, sino un garrote que deja marcas terribles con sus golpes. Pero su crítica no nace de un sádica contemplación de la realidad ajena, ni la inspira un pernicioso afán de protagonismo, es evidente que Ortega sufre las imperfecciones de su gente.

El culto al escepticismo moldeó su filosofía periodística y lo ayudó a salvarse de falsos convites, pero también le impidió creer en una revolución que reconoce haber previsto, temido y combatido, yo diría más por instinto que por razones. De sus textos se infiere que no es un hombre amante de revoluciones, en este sentido se nos presenta como un conservador, pero al estilo de los criollos fundacionistas, llenos de premoniciones renovadoras, a quienes atormentaba su propia incapa-

cidad para evitar los traumas que acompañan los cambios que sabían inevitables. La historia cubana posterior produjo pocos sujetos de esta clase, Ortega es uno de ellos, de ahí le viene la rareza.

Muchas han sido sus críticas al proceso revolucionario ocurrido en Cuba –el lector las encontrará en estos textos–, algunas de ellas son infundadas, cuestionables y, a veces, contradictorias, pero este debate merece otra ocasión, lo que ahora importa destacar, es la evolución que conduce a Ortega a reconocer en esta revolución, el soporte patriótico de una nacionalidad en peligro e identificar a sus principales enemigos. Este pensamiento lo acerca a las luchas actuales del pueblo cubano y lo separa, de manera inequívoca, de la extrema derecha contrarrevolucionaria.

La selección de artículos que hoy nos ofrece la Editorial de Ciencias Sociales hablan de Cuba, de la emigración y de Estados Unidos. Estoy seguro que a los lectores les sorprenderá la frescura del lenguaje, la sinceridad de sus palabras y una lógica que se agradece, incluso, desde el desacuerdo. Están precedidos de una introducción donde Ortega nos cuenta su vida y se atreve a "confesarnos" sus pensamientos más íntimos, lo cual me exime de extenderme en sus datos biográficos.

Baste decir que el autor nació en pleno centro de La Habana en la segunda década de este siglo y se inició en el periodismo cuando la profesión era un reto a la versatilidad y una invitación al hambre. En el periódico Prensa Libre *ascendió de reportero a jefe de redacción y después se desempeñó como director del periódico* Pueblo, *hasta que la gente de Batista lo echó a patadas de su oficina y destruyó sus máquinas, dando inicio a una vida de eterno exiliado, como él mismo contará más adelante. Siempre fue polémico y contestatario, vivió el torbellino del acontecer político nacional y se alió a causas buenas y malas, también cometió errores de los cuales hoy dice avergonzarse. En Cuba no se preocupó por hacerse de un título universitario y se reconoce el honor de no haber participado jamás en un concurso periodístico, ya que "eran una mierda", según sus palabras. En Estados Unidos se graduó en tres universidades, pero tampoco participó en concursos periodísticos.*

Los textos que se reproducen en este libro abarcan una impresionante gama de temas. Incluyen una profunda radiografía del drama del inmigrante y sus descendientes, los orígenes de la contrarrevolución y la dependencia a Estados Unidos, la naturaleza de la extrema derecha cubanoamericana, la dicotomía exilio-emigración (que tanto ha dado que hacer a los teóricos), la vida en Miami, su visión de Cuba y la personalidad de Fidel Castro.

Por modestia y, quizá, debido a la repulsión que le inspiran las poses heroicas tan comunes dentro del llamado "exilio militante", Ortega no se detiene mucho tiempo para explicar el entorno en que se escribieron estos trabajos. La mayoría de los artículos incluidos en esta selección, fueron publicados en pleno auge de la euforia contrarrevolucionaria, que siguió al derrumbe del campo socialista europeo. Cuando muchos "izquierdistas" se pararon de cabeza o fueron a refugiarse en vericuetos ideológicos posmodernos, Ortega se quedó donde siempre estuvo, defendiendo sus verdades y combatiendo, más que antes, a los supuestos vencedores.

La extrema derecha cubanoamericana estaba entonces en el pináculo de su poderío y ejercía un peso extraordinario sobre el resto de la comunidad, oponer-

se a ella presagiaba un suicidio político y profesional, para no hablar de peligros personales muy probables. Cuando Ortega declara, a vuelo de pluma, que ha estado condenado al ostracismo durante años y para sobrevivir económicamente ha tenido que trabajar fuera de Miami, se refiere a las consecuencias de una represión ejercida día tras día, por canales muy diversos, que incluyen el acceso al trabajo, la aceptación del individuo y su familia en el medio social donde se desenvuelven y el temor al insulto público y las agresiones físicas.

Los medios de difusión han jugado un papel decisivo en los mecanismos de influencia y sometimiento establecidos por la derecha cubanoamericana. Desde los primeros momentos tuvieron el apoyo del Diario de las Américas, entonces un pequeño periódico vinculado a la familia Somoza en Nicaragua, que contaba con la ventaja de ser el único en español que circulaba en la ciudad y creció gracias al influjo de los cubanos. Con relativa rapidez se agregó el periódico Patria, financiado por los grupos batistianos y después, una multitud de tabloides que se sostenían de las "contribuciones" de empresarios y comerciantes de origen cubano establecidos en el enclave. Pobre de aquél que se negara a cooperar con estas publicaciones, sobra decir que el sensacionalismo y la ausencia de la más elemental ética periodística caracterizaban estos engendros noticiosos.

La radio en español heredó este estilo e hizo de la mentira, la injuria, la amenaza y el chantaje el centro de una programación delirante, aunque efectiva para la enajenación y el control de importantes segmentos del enclave cubanoamericano y muy lucrativa para sus promotores. La lógica evolución generacional y la influencia de nuevos inmigrantes cubanos y latinoameri-

canos ha reducido sensiblemente la influencia de estos medios, pero todavía constituyen un arma eficaz contra todo aquél que tema al escándalo público.

Contados han sido los medios de difusión que se han atrevido a enfrentar los esquemas informativos de la derecha y, en algunos casos, los costos han implicado la muerte y otros daños como resultado de ataques terroristas. Cuando menos, revistas de variada orientación ideológica pero críticas de la extrema derecha, como Réplica, Areíto y Contrapunto *han tenido que salvar enormes dificultades para circular y mantenerse económicamente. En la radio han sido aún más escasas las excepciones,* Radio Progreso Alternativa *constituye el ejemplo más relevante.* The Miami Herald, *el más importante y prácticamente el único órgano de prensa en inglés existente en el área, intentó crear un medio alternativo en español, aunque* El Nuevo Herald *no se ha caracterizado por sostener una franca oposición a la derecha cubanoamericana, ha sido objeto de sus ataques y realizado, en ocasiones, retiradas verdaderamente vergonzosas.*

A pesar de estas presiones, Ortega arremete contra los presupuestos más difundidos de la ideología contrarrevolucionaria: democracia, exilio, triunfo del inmigrante cubano, reunificación familiar, son descuartizados hasta encontrar su carácter utilitario y demagógico. En él tiene la derecha cubanoamericana a su crítico más punzante, nadie puede acusarlo de oportunista, al contrario, su pluma vale tanto que han tratado más de ignorarlo que de combatirlo. Además, habla con el crédito de quien nunca fue revolucionario ni se considera un converso. No lo respalda ninguna organización, ni pertenece a ningún movimiento político, sus seguidores son lectores desconocidos que digieren –muchas veces a regañadientas– las ideas expresadas en sus trabajos y admiran su ética y su osadía.

Un asunto recurrente en sus artículos es lo que podríamos llamar la "descubanización" de los inmigrantes cubanos en Estados Unidos. A su manera, llama la atención sobre un fenómeno trascendente para la identidad cultural del cubanoamericano y el futuro de sus relaciones con la patria de origen, "niño que llega aquí por avión o por balsa, le da inicio a otra estirpe (y) las mujeres paren aquí americanos". Por ello, no perdona a la derecha confabularse con el gobierno norteamericano en el intento por crear lo que define "una Cuba de repuesto", contrapuesta a la nación cubana, "cuerpo vivo de la historia de esta nacionalidad", según afirma.

Según Nicolás Ríos –director de la revista Contrapunto–*, a pesar de que sus artículos no se publican en ninguno de los principales órganos de prensa de Miami, Ortega es el periodista más leído de esa ciudad. "Eso ocurre por algo. Ocurre porque tiene la fuerza de lo que se quiere leer, de lo que se quiere oír decir y no hay donde decirlo, debido a que el control de la prensa es total y totalitario".*

Con sobriedad que se nota hija de la contención, en un artículo desgarrante y reflexivo, Ortega nos describe su retorno a Cuba después de 35 años de ausencia. Según dice, regresó al pasado para descubrir que ya ni pasado tiene. "Es otra ciudad. Es otro mundo. Son otras gentes. Pero, a pesar de ser otras, queda en ellas un rasgo distintivo: son cordiales, son amables, son humildes. Uno les pregunta una dirección y parecen hasta dispuestos a ir con uno al lugar. ¿A qué se deberá el fenómeno de que cuando estas gentes abandonan su tierra y se insertan en el extranjero (eso que llamamos coquetamente exilio) se vuelven ásperos, insolentes y desagradables? Llevo más de cuarenta años soportando al cubano de Miami y sigo sin entenderlo. Llevan un veneno dentro. El veneno del desarraigo"

Con honestidad casi cruel, Ortega termina preguntándose: ¿Teníamos razón los que nos enfrentamos a la Revolución Cubana en 1959?

Este libro es el testimonio de quien quiere encontrar respuesta honesta a una duda que determinó su vida y las de muchas personas que hoy viven fuera de su patria. Debemos agradecer a la Editorial de Ciencias Sociales la oportunidad de permitirnos reencontrarnos con un clásico del periodismo cubano y conocer sus opiniones sobre asuntos que nos atañen a todos los cubanos.

JESÚS ARBOLEYA CERVERA
23 de julio de 1998

Introducción

En este libro he recogido artículos publicados en Nueva York y Miami entre los años 1994 y 1997. También incluyo algunos, muy pocos, publicados en años anteriores. No uso la palabra *seleccionar* porque, en rigor, no he seleccionado nada. Lo que he hecho es agrupar aquéllos que tratan del tema de Cuba. A lo largo de los años, que ya son muchos, yo he escrito miles de artículos y nunca se me ocurrió la idea de reunirlos en un libro. Siempre me ha parecido que el artículo es cosa del día, de la actualidad, y que su lugar es el periódico o la revista. Sospecho que la gente, en estos tiempos, no lee libros. Bastante hacen con leer el periódico, en el supuesto de que hagan ese esfuerzo. Si me lanzo ahora a publicar algunos artículos, en forma de libro, es porque algunos amigos generosos me han instado a hacerlo. Eso, en primer lugar. Y, en segundo, porque como son artículos de protesta, o mejor dicho, casi de denuncia, me parece bueno que quede alguna constancia, con la intención de que en el futuro se sepa cómo ha sido la cosa.

Me ha tocado la mala fortuna de vivir 44 años, toda una vida, entre exiliados políticos cubanos. Soy casi un especialista en la materia. Los he visto vivir y luchar. Los he conocido buenos, malos y peores. Los he visto morir, algunos heroicamente, por causas que no valían la pena. He conocido tragedias indescriptibles. Me congratulo de haber tenido contacto con los pillos mayores de estos tiempos infortunados. Puedo asegurar que he pasado por todas las etapas del exilio político y he logrado siempre poner a salvo mi escepticismo.

No puedo negar que soy uno de los fundadores del exilio anti-castrista. Tan temprano como 1959, a mitad de año, empecé yo, con toda sinceridad e indignación, a combatir a Castro y a la revolución. Me parece que debo explicar por qué, para evitar equívocos.

El 26 de julio de 1953 Fidel Castro asaltó el Cuartel Moncada, en Santiago de Cuba, y yo era Director del diario *Pueblo*, en La Habana. Al día siguiente, 27 de julio, *Pueblo* iba a publicar la mejor información sobre los asesinatos que había cometido el ejército de Batista en el Moncada. No fue posible. La policía asaltó el periódico y rompió las planas. Pude escapar con magulladuras en la espalda. Pocos días después me estrené como exiliado en Miami. Han pasado 44 años.

Entre 1953 y 1959 no volví a publicar nada, salvo reportajes en la revista *Bohemia* como corresponsal extranjero. En 1959 regresé a Cuba, en enero, y tenía la sana intención de quedarme en mi país. No fue posible. El ambiente revolucionario era irrespirable. Carlos Franqui y Cabrera Infante, en el periódico *Revolución*, organizaron la cacería de todos aquellos periodistas que en el pasado habían tenido algún nombre, inclusive los que, como yo, habían estado en el exilio. *Revolución* lo mencionaba a uno y al día siguiente la policía salía a buscarlo. Así son las revoluciones y eso explica por qué yo no soy revolucionario. En los primeros tiempos siempre surgen a la superficie todos los detritus de la sociedad. Curiosamente, todos los que me persiguieron en 1959, empezando por Carlos Franqui y Cabrera Infante, hoy están en el destierro y han traicionado a la misma revolución que desacreditaron en su primera época. También están los policías que colaboraron con ellos.

En realidad, en 1959, yo no era, exactamente, un enemigo de la revolución. Muchas de las leyes revolucionarias me parecieron, en aquel tiempo, muy apropiadas, precisamente porque yo había vivido muchos años en la podredumbre del país y había hecho siempre un periodismo de protesta. Pero, por supuesto, tenía yo que haber sido muy pendejo si me hubiera puesto a defender la revolución a pesar de la persecución que me habían desatado, sin ningún motivo. Tuve que volver a salir de Cuba y lo hice el 1º de mayo de 1959 en forma un poco clandestina.

Ese día empaté los dos exilios. Con una agravante, y es que entonces tenía que compartir el destierro con los fugitivos del gobierno de Batista que hasta poco antes eran mis enemigos. Mala suerte. Sería ocioso agregar que al poco tiempo me confiscaron en Cuba los pocos bienes que yo había acumulado con mi trabajo.

El caso mío no es único. A través de los años he ido encontrando por el camino a muchos hombres y mujeres que fueron obligados a salir al destierro por intrigas políticas y profesionales y que, de hecho, habrían estado contentos de quedarse en Cuba. Hoy mismo, hay miles de cubanos en el destierro que comparten mis puntos de vista. Yo diría que son una mayoría silenciosa que no protesta ni abre la boca para sobrevivir en un medio siempre hostil.

Quiero confesar (esta introducción es casi una confesión), que cuando yo regresé al exilio en 1959 creí que la lucha contra Castro y la revolución iba a tener las mismas características de los años anteriores. Es decir, que los cubanos íbamos a tener que luchar contra Castro en la misma forma en que habíamos luchado contra Batista. No me di cuenta, de pronto, que los tiempos habían cambiado y que estábamos frente a una situación totalmente nueva y sorprendente.

En los primeros meses de 1960, un amigo que se había destacado mucho en la lucha contra Batista me dijo que iban a organizar en Nueva York unas trasmisiones contra el gobierno de Cuba y me pidió que hablara con los encargados del programa para ver si los podía ayudar con algunas sugerencias o, tal vez, con alguna colaboración.

—Yo quisiera que hablaras con Andrés Vargas Gómez y *Manolo* Rivero Setién para ver si los puedes ayudar (...) —me dijo.

A los pocos días me reuní con los dos personajes y estuve conversando con ellos durante dos horas. Me pidieron consejos y algunas colaboraciones. Yo accedí gustoso.

—¿Y cuánto usted quiere cobrar por su trabajo?— me preguntó Vargas Gómez.

De pronto me caí de un nido.

—¿Cómo es eso? —le pregunté.

—Bueno, ese trabajo se puede pagar. Tenemos fondos para eso (...). El Frente Revolucionario Democrático puede pagar (...) —me dijo.

—No, yo no quiero cobrar por eso. Me parece que es mi deber (...) —le respondí.

Yo estaba sinceramente sorprendido. Me había pasado 6 años en el exilio contra Batista, ayudando a todo el mundo, y hasta gastando mi propio dinero, y no comprendía cómo era eso de que le pagaban a uno por defender una causa política. Sin darme cuenta, sin proponérmelo, había ofendido a los dos caballeros que ya estaban en las nóminas del Frente Revolucionario Democrático, financiado por la CIA.

Es decir, en aquel momento, súbitamente, yo comprendí que los que estábamos combatiendo a Castro, con la pluma o con la acción, teníamos que meternos en una nómina del gobierno americano. Era algo nuevo. Los jefes de la oposición a Castro estaban en Washington y eran americanos.

Aquel breve encuentro con dos miembros del Frente selló mis relaciones con la organización. A partir de los primeros meses de 1960 comenzó uno de los procesos más escandalosos en la historia de las luchas políticas de Cuba. Las oficinas del Frente se convirtieron en un agitado centro de actividad política como en los buenos tiempos de Cuba. Miles de cubanos entraron en las nóminas, en Miami y en el extranjero, y detrás de los líderes del Frente estaban los agentes americanos, con nombres supuestos, dirigiendo toda la operación.

En las oficinas del Frente ya se repartían los cargos públicos en Cuba y se tachaba a los que no podrían regresar nunca. Se daba por seguro que la expedición que estaban preparando en Guatemala iba a tomar el poder. En ningún momento se pensó que los cubanos iban a desembarcar en Cuba para pelear. Eso estaba descontado. Iban a integrar una fuerza de ocupación para mantener el orden. Eran los americanos los que iban a pelear para derribar al gobierno. Por supuesto, todo era ilusorio. Kennedy, antes de lanzar la expedición, aclaró muy bien que se trataba de una operación cubana y que los americanos no iban a intervenir. No lo creyeron. Eso explica por qué, todavía, tantos años más tarde, siguen acusando a Kennedy de traición. Su traición consiste, para esta gente, en no haber bombardeado a Cuba.

Desde aquella época, es decir, 1960, yo he estado escribiendo en toda clase de periódicos y revistas. Por un lado, criticando severamente a la revolución y a Castro. Por el otro, manteniendo, en todo momento, un tono crítico sobre las actividades de los exiliados cubanos en Miami. Me cabe el honor de no haber pertenecido nunca a ninguna organización del exilio. No he participado nunca en ninguna colecta. Ha sido una posición muy difícil y que ha atraído sobre mi muchas enemistades. De hecho, he estado condenado al ostracismo durante años. Para sobrevivir económicamente he tenido que trabajar fuera de Miami, al margen de los trajines de los exiliados.

Tradicionalmente, los exilios, en nuestra historia, han tenido un carácter hasta cierto punto romántico. En la época de la colonia los emigrados revolucionarios disfrutaban de una aureola casi heroica. Era gente que, desde Estados Unidos, perseguidos por agentes españoles y americanos, luchaban contra España y en tiempos de guerras se embarcaban en expediciones que eran atrapadas muchas veces por los americanos.

Después, hubo exiliados en los otros gobiernos. En 1923 hubo núcleos de exiliados cubanos en Ocala, Florida. Entre ellos estaban el poeta Rubén Martínez Villena, el escritor José Antonio Fernández de Castro y Calixto García Vélez, hijo del general Carlos García Vélez, presidente de la Asociación de Veteranos y Patriotas, la organización que intentaba provocar un alzamiento contra el gobierno de Alfredo Zayas. Martínez Villena y sus dos compañeros trataron de organizar una escuadrilla de tres aviones en Ocala para bombardear a La Habana, pero fueron apresados por agentes americanos a instancias del gobierno cubano. Martínez Villena relataría en un artículo, posteriormente, el fracaso de lo que él llamaba "la revolución de 1923".

Los grupos de exiliados en tiempos de la dictadura de Machado, en 1930, fueron más nutridos y estuvieron asentados en Miami. Lo mismo ocurrió en los dos gobiernos de Fulgencio Batista. Estos grupos de exiliados, en Miami, estuvieron siempre bajo la vigilancia del gobierno de Estados Unidos en colaboración con agentes cubanos. En los finales de la dictadura de Batista, el ex presidente Carlos Prío Socarrás fue paseado por la calle Flagler esposado y tuvo que guardar prisión durante varios días.

Durante la época de las guerras de independencia, y desde el siglo XIX, hasta 1959, los exiliados cubanos en la Florida, tanto en Miami como en Tampa y Key West, tropezaron siempre con la barrera de las autoridades americanas que prohibían las actividades contra el gobierno de Cuba. Eso era así en tiempos de España y en tiempos de los dictadores. Los grupos de cubanos que formaban el exilio no eran muy numerosos y usualmente la situación económica de estos exiliados era precaria. Por eso se hablaba del *duro pan del exilio* y se soñaba con regresar a la patria.

Pero eso cambió radicalmente al triunfar la revolución en Cuba en 1959. Ya en 1960 la oposición a Castro estaba manejada por Washington. El financiamiento para las actividades subversivas provenía de Washington. La campaña publicitaria contra Castro era pagada por los americanos y, además, dirigidas. Casi todo el ideario que se ha estado manejando en Miami desde 1960 contra Castro ha sido diseñado por los americanos. La condición ineludible para ser aceptado como dirigente anticastrista ha sido precisamente, la obediencia. Por encima de los elementos políticos y militares más capacitados y con mayor experiencia, se dio el caso, en 1961, de que Manuel Artime fue convertido en el *golden boy*[1] de la CIA por su buena disposición para seguir las orientaciones de los agentes americanos. Eso explica, de cierta manera, el fracaso de la expedición y explica, también, por qué fue que se lanzó una invasión que se sabía, de antemano, que estaba condenada al fracaso.

A través de los años, desde 1960, la propaganda ha estado dirigida a establecer la noción de que los casi dos millones de cubanos que forman el exilio en Estados Unidos son patriotas que han escogido el camino de la libertad. Se les compara con los antiguos emigrados revolucionarios de la época de las luchas contra España. Es evidente que la alianza con la Unión Soviética sirvió de pretexto para fijar esa imagen. Los cubanos fueron atraídos a Miami con la promesa de darles protección económica y, hasta muy recientemente, disfrutaron de privilegios para obtener la residencia en el país.

En rigor, el exilio cubano ha sido inventado, financiado, protegido y utilizado por Estados Unidos, inclusive en las campañas políticas presidenciales, debido al caudal de votos que han llegado a tener los cubanos, que ya, en gran mayoría, son ciudadanos americanos.

Y no se puede tener la menor duda de que miles de cubanos han asimilado muy bien la sutil propaganda que están recibiendo desde hace años y se sienten como patriotas que viven en un destierro similar al de los cubanos del siglo pasado. El hecho de que muchos ya se hayan naturalizado y estén asentados de manera permanente en el país no influye en nada. Es hermoso y hasta heroico ser un desterrado. Es hasta poético. Martí dejó toda una poética del desterrado.

Tratar de convencer a la masa de cubanos de que han sido engañados y de que se han puesto al servicio de una

[1] Chico dorado.

potencia que trata de reconquistar su dominio sobre Cuba parece ser, a estas alturas, un esfuerzo inútil. No es fácil despojarlos de ese carnet de heroismo patriótico. Los llamados dirigentes del exilio en 1997 son individuos de un nivel intelectual y político muy inferior al de aquéllos que fundaron el exilio en 1959 y 1960. Ha habido un serio proceso de degradación. Sin embargo, ellos, con el apoyo americano, insisten en que "el exilio tiene que formar parte de cualquier solución política en Cuba". Hablan constantemente de que sin ellos no es posible llegar a un clima de paz en Cuba. Eso es falso. La mayor parte de estos *dirigentes* son ciudadanos americanos que se han enriquecido durante el proceso y ni siquiera están capacitados intelectualmente para participar en un gobierno en Cuba.

La documentación que existe a estas alturas sobre la conducta de los cubanos a lo largo del proceso del exilio es abrumadora y revela un grado alarmante de entreguismo a los intereses americanos. Por primera vez en la historia política de Cuba ha sido imposible integrar una oposición legítima al gobierno de Castro, ajena a las presiones de Washington. Los esfuerzos que se han hecho, algunos muy estimables, han degenerado siempre en el servilismo. Esta es la razón principal que explica la esterilidad de los grupos de supuestos exiliados. En su gran mayoría son simples emigrantes económicos que se disfrazan de exiliados y asumen el repertorio de ideas que desde el principio fue suministrado por los agentes de Washington. Ese repertorio, por supuesto, ha sido siempre de extrema derecha.

Repito que el caso mío no es único. Hay miles de cubanos que llevan muchos años en Estados Unidos con la etiqueta de *exiliados* y que, sin embargo, no comparten, de ningún modo, las corrientes ideológicas que corren por Miami y otros centros de cubanos. No se expresan públicamente porque la cautela les impone el silencio. Discrepar tiene sus peligros, sobre todo de naturaleza económica.

Eso no quiere decir, necesariamente, que estas gentes, y me incluyo yo mismo, estén de acuerdo con la revolución y estén dispuestos a un viraje de 180 grados. Lo que hay, de hecho, es una mayor comprensión hacia la Revolución cubana y una clara disposición para entender que lo que ha ocurrido en Cuba es culpa, en gran medida, de la guerra que le ha desatado Estados Unidos a la revolución. Es decir, los viejos adversarios de la revolución, los que fueron despojados por ella, los que fueron perseguidos en la etapa dura del proceso, han cambiado de actitud precisamente porque la misma revolución ha evolucionado hacia formas más razonables. El tiempo ha operado en forma benéfica sobre unos y otros.

En los artículos recogidos en este libro yo hago una crítica muy severa de la conducta de Estados Unidos. Sobre todo, la conducta de las clases dirigentes, empeñadas en la destrucción de Cuba para lograr sus objetivos. También mis dardos van dirigidos a los cubanos que se han hecho cómplices de Washington. Es posible que, a veces, se me va la mano y soy demasiado cáustico. Pero es que escribo para gente con las que hay que entenderse en términos rudos. Podría pensar que al publicar estos artículos, en un ambiente de aparente hostilidad, no se podría obtener mucha atención de los lectores. Pero no es así. Pegan y protestan, ciertamente, pero escuchan y leen. Si he logrado poner a pensar a unos pocos me daría por satisfecho. ¿Qué más se puede hacer?

Durante los últimos 38 años, Estados Unidos ha desarrollado una política sobre Cuba encaminada a crear, al otro lado del Estrecho de la Florida, *una Cuba de repuesto*. Es como una réplica de la Isla pero que está habitada por gente que, en su mayoría, aspiran a que Cuba vuelva a ser una dependencia de Estados Unidos. El proceso de crecimiento de esa patria portátil ha tomado muchos años, pero hoy su población es de casi dos millones de habitantes, los cuales, de hecho, han roto sus vínculos con el país en que nacieron, a pesar de que siguen considerándose como desterrados.

Esa política de almacenar cubanos en el sur de la Florida para utilizarlos como una tropa de choque contra la revolución ha tenido consecuencias desastrosas para Estados Unidos. Es evidente que, en la misma medida en que crece la comunidad cubana, con los aportes además, de las otras nacionalidades, se acentúa el éxodo de los americanos hacia los otros condados de la Florida situados más al norte. En rigor, el sur de la Florida, de hecho, se está convirtiendo en una extensión de Cuba. Están perdiendo la región.

Yo no sé, en realidad, qué interés pueden tener estos artículos para los lectores de otras nacionalidades. Para los lectores en Cuba pueden ser esclarecedores, porque trasmiten la idea de que el exilio no tiene nada de romántico, sino todo lo contrario. Se trata de una farsa mediante una inversión de miles de millones de dólares, con el propósito de impedir que la revolución cubana llegue a consolidarse en paz. Las dificultades que padecen los cubanos de la Isla emanan de esta política de hostilidad permanente. Si no existiera esta *patria portátil*, inventada en Miami, Estados Unidos no tendría razones suficientes para mantener la guerra contra Cuba. La idea de *liberar a Cuba*, a la manera como se hacía en los tiempos de la colonia, en el siglo XIX, es el tema central de todas las campañas que realizan los cubanos desde Miami. El poderoso aparato de propaganda de Estados Unidos, en forma muy sutil, y utilizando a los cubanos exiliados, ha creado la noción de que Cuba es un país ocupado por tropas extranjeras extracontinentales y por consiguiente hay que *liberarlo*.

Es posible que la lectura de estos artículos sirva para despejar un poco esas nociones. El exilio, como se repite en ellos, es una farsa montada por la política de Washington, y esos *heroicos* libertadores que viven cómodamente al otro lado del Estrecho no tienen nada que ver con los mambises de las guerras de independencia.

Yo llevo años opinando desde las entrañas de este supuesto exilio del cual fui uno de sus fundadores. Nadie puede acusarme, y nadie lo hizo nunca, de haber participado en el proceso revolucionario. Todo lo contrario. Yo no tengo nada que ver con la revolución de Castro y he sido víctima de ella. A través de un largo proceso de años he ido modificando mis opiniones, hasta el punto de llegar a una total discrepancia con los elementos del exilio cubano. Eso no quiere decir que yo me haya incorporado a la revolución. No es así. El núcleo central de mis ideas, en este momento, lo forma la convicción de que la política de Estados Unidos sobre Cuba ha sido siempre nefasta y brutal y que nadie que haya nacido en aquella tierra debe, por un elemental sentido de decencia humana, hacerse cómplice de esa política sin caer en la peor de las infamias. Eso, a mi ver, debe tener prioridad sobre cualquiera otra opinión que uno pueda tener sobre la Revolución cubana.

En esta posición, por supuesto, no estoy solo. Creo que hay muchos cubanos, del lado de acá, que salieron de Cuba disgustados con la revolución y que han evolucionado hacia esa posición, pero que prefieren no enfrentarse a los grupos de exiliados. Y creo, también, que las personas más inteligentes de Estados Unidos, en los medios culturales, desde hace muchos años, están expresando su protesta contra la brutal política de Washington en relación con Cuba.

HAY QUE DECIR LA VERDAD SOBRE EL ÉXODO

"Fidel Castro me confiscó mis propiedades y me dejó sin patria pero Estados Unidos me ha confiscado a mis hijos", me decía, hace pocos días unos de esos infelices desterrados que hace diez años huyó de Cuba buscando garantías y agregaba: "Me he pasado diez años hablándoles de Céspedes, Agramonte, Maceo, Martí, y otros patriotas; pero no hay modo. No están interesados en nada de eso. Ayer les llevé un álbum con fotografías de la Isla para ver si se emocionaban, y los tres muchachos, unánimemente, opinaron que Cuba es una porquería y que ellos no tienen el menor interés en volver allá. Me desprecian porque mi inglés es bastante malo y sienten vergüenza de que sus amigos americanos me vean (...)".

En estas pocas palabras está concentrada toda una tragedia a la cual no son ajenos, en mayor o menor grado, la mayoría de los desterrados cubanos.

Al principio todos tuvieron la impresión de que el destierro era cosa de traslado físico. Vivir allá o vivir acá. Trabajar allá o trabajar aquí. Frío o calor, clima, idioma, etcétera. Pero ahora, mientras corre el año doce del castrismo, la tragedia –la honda, la real, la íntima, la irrevocable– ha madurado, ha crecido, ha echado barbas y pelos y anda por ahí fumando marihuana. Los que sacaron a sus hijos de Cuba huyéndole al famoso decreto de la "Patria potestad" se ven ahora sin patria y sin potestad. Los que le temían al Servicio Militar Obligatorio de Castro ven ahora marchar a sus hijos hacia Viet Nam, tratados como bestias por sargentos americanos que los miran como seres humanos de quinta categoría. Los que temían que sus hijos se les corrompieran en la Cuba de Castro los ven ahora perdidos por las calles de Nueva York, o Miami, o Chicago, incorporados a un proceso de descomposición social al cual son radicalmente ajenos. El medio los devora.

Aquellos pequeños seres que llegaron a este país de tres, cinco o diez años, tienen ahora quince, diecisiete o veinte años. No son cubanos. No operan espiritualmente dentro de la tradición de la Isla. Son ajenos a la empresa nacional cubana. Moralmente, espiritualmente, económicamente, lingüísticamente, culturalmente, han roto todos los amarres con sus padres. Tampoco son americanos. Se han criado en escuelas donde los otros muchachos nativos les arrojaban al rostro el insultante *Dirty Cuban*[2] y donde los propios maestros les miraban con desdén. Hablan inglés correctamente. Pero llevan un apellido que es una calimba. Se llaman González, o Pérez, o Martínez. Eso es un delito en Estados Unidos, país lleno de repugnantes tensiones raciales. A la hora del draft[3] se llevan primero un González que a un Smith.

Son seres sin raíces, sin tradición a la que aferrarse, sin padres que puedan servir de modelo para nada, porque el padre emigrante es un pobre ser desplazado económica y culturalmente. Los que se refugian en el *ghetto* se quedan con alma de *ghetto* y subsisten en una especie de submundo. Viven por debajo de la ciudad. Los que se aventuran al exterior, los que tratan de incorporarse al conflictivo mundo americano, arrastran

2   Cubano cochino, despreciable, inmundo.

3   Reclutamiento militar.

el apellido hispánico como una cruz. Es la tragedia de todos los hijos de emigrantes. Ni están allá ni llegan jamás a estar aquí. Intelectualmente son deficientes, porque la inteligencia necesita siempre raíces en la tierra para poder absorber los jugos. Norteamérica es un país triste. Habitado por gentes tristes. Las tensiones desgarran al país y ahora que vivimos tiempos de crisis, las tensiones son aún más desgarradoras. El desterrado cubano al llegar al año doce de su ausencia, se ve sin patria y sin hijos. Todo ha sido en vano. Los ve luchando penosamente por incorporarse a una sociedad hostil, difícil, compleja. La cosa no era tan fácil. No se trataba sólo de un traslado de domicilio sino de un tremendo proceso de aclimatación espiritual.

Vinieron a Estados Unidos buscando garantías. Y en 1970, Estados Unidos es el único país del mundo donde no hay garantías. El ochenta por ciento de los jóvenes americanos ha perdido la fe en los destinos del país. La corrupción se desarrolla en todos los niveles. Las drogas son una fuga, una manera de protestar contra un régimen social en crisis.

Yo los he oído murmurar a los cubanos, en las covachas miserables del *ghetto*, temerosos de ser oídos por los profesionales del anticastrismo, aquellos que administran el patriotismo y viven de él. "Creo que si me hubiera quedado allá todo habría salido mejor (...). Los muchachos no se me habrían echado a perder, no me odiarían. Por lo menos sabría que están cortando caña".

Terrible confesión de esterilidad. Y totalmente inútil. Lo trágico del desterrado, en su año doce, es que no tiene dónde volver los ojos. No tiene dónde ponerse. No hay marcha atrás. Es un proceso irreversible. Está entre lo malo y lo peor. El destierro –ahora lo descubren– es algo más que un simple traslado. Es una derrota. Es un quedarse en el aire en cueros. La patria es algo más que un lugar donde se comen potajes. Es el hueco donde habita el espíritu y cuando el espíritu se queda sin hueco que habitar, entra en un proceso de lenta consunción. Es lo fatal.

Mientras el hijo, o hijos, estaban creciendo, comiendo bien aprendiendo inglés, con muchas vitaminas, bien vestidos, bien abrigados, todo parecía que iba a salir bien. "Este es el país de la libertad, este es el país de las oportunidades (...)". No es verdad. No lo será tampoco en la década de los años 70. El niño, al crecer, se da monstruoso. Grande, pero vacío. Recio, pero estúpido. No hay espíritu. En su alma se ha enredado una cantidad abrumadora de ingredientes contradictorios. Ha crecido mal.

El hogar no empata con la escuela. No hay continuidad en su desarrollo. El odio empieza a comérselo aun sin darse cuenta él mismo. Se está incorporando –emigrante en un vasto país de emigrantes sin cohesión– al substrato de odio que es el común denominador en una tierra que no acaba de cuajar en nación.

Queda, tan sólo, la idea del regreso. ¿Regreso? No, de ninguna manera. Es otra fuga más. Es el anhelo de huir de aquí, de este vasto depósito de odios, para regresar al paraíso perdido, a la patria abandonada. Es una nueva ilusión más. Por esta brecha se introduce la legión de bandoleros y recaudadores que administran la esperanza del desterrado.

El problema no tiene solución. En realidad, los problemas nunca se resuelven sino que se sustituyen. Si mañana mismo se abrieran las puertas de Cuba para los padres que han visto crecer a sus hijos en Estados Unidos, aquéllos se enfrentarian a un nuevo conflicto. Los hijos, en su mayor parte, no van a regresar. Son seres híbridos, espiritualmente deformes. Simplemente, se han americanizado, que es, en rigor, una forma de corrupción porque supone una falsificación. El regreso, por lo tanto, trae consigo nuevos problemas.

Queda una salida. La única. Dése por perdido lo ya perdido. Y sírvase a la pequeña nacionalidad cubana cortando de raíz la fuga de la Isla. No más desterrados. Que no se saquen más parientes. Que no se escriban más cartas mentirosas pintando como un paraíso lo que es, en rigor, un infierno. Dígase la verdad sobre el destierro. Una nación no se salva con la fuga de todos sus hijos sino con la adhesión de éstos a la tierra. El régimen político, sea el que sea, no justifica la dispersión. Ha sido criminal fomentar el éxodo, y ahora se palpan las consecuencias del éxodo. No más éxodo. Que no se embarque a nadie más en la aventura estúpida de venir a buscar la libertad a otro lugar que no sea la propia patria. El éxodo cubano –impulsado por las autoridades americanas y por una legión de cubanos idiotas– ha revelado nuestra dolorosa inmadurez nacional. Dígase a todos, sinceramente, cuáles han sido las consecuencias del éxodo y pídase a todos que permanezcan allá. Un televisor en colores no compensa al que se queda sin patria y sin hijos.

Diario *La Prensa,* 1970

ELOGIO DE LA MEDIOCRIDAD

Hace pocas semanas murió en Caracas Francisco Herrera Luque, uno de los mejores novelistas de habla española, *Boves, el Urogallo*, es, sin duda, una gran novela. La importancia de Herrera Luque es que nos da una visión original de su país y sobre todo, de Bolívar. El Bolívar que aparece en las novelas de Herrera Luque es un ser humano desprovisto de todos los afeites que le han echado arriba los venezolanos. Pero, además de novelista, Herrera Luque era un buen psiquiatra, y tiene estudios excelentes sobre la psiquis de los venezolanos. No tengo el dato a mano, pero creo que Herrera Luque insistía en que ciertas tendencias criminales, en Venezuela, tenían su origen en los mismos conquistadores.

La razón por la cual cito a Herrera Luque es porque, en cierta ocasión, dijo algo que me impresionó mucho. Dijo él que la grandeza de Estados Unidos como nación se debe al índice altísimo de gente mediocre que hay en este país. Me parece una observación muy inteligente.

Ahora bien, cuando se dice "mediocre", muchas gentes pensarán que hay algo despectivo en esto. No señor. De ningún modo. Lo mediocre es lo que no es ni bueno ni malo, ni alto, ni bajo, ni corto ni largo. La mediocridad es la medianía. El justo medio. Horacio, el poeta, hablaba de la "áurea mediocrita", es decir, la medianía de oro, la quietud de la estabilidad. Los latinos solían decir que "la virtud está en el medio, porque los extremos son vicios".

Herrera Luque tiene razón cuando afirma que la grandeza de Estados Unidos se debe al índice de mediocridad. Es decir, parece tener razón. No hay que exagerar. No se deben hacer afirmaciones tajantes.

Por supuesto, estamos hablando de un país que ya casi no existe y de una grandeza que ya es un poco discutible. Sin embargo, todavía están en pie algunos valores hermosos que nos recuerdan la época dorada de la mediocridad americana. Esos valores hay que irlos a buscar en las pequeñas poblaciones aisladas que se han sustraído al veneno de la *diversidad*. El dulce encanto que tenía la clase media americana residía, precisamente, en sus patrones de conducta, en su homogeneidad, en el horror a lo *diverso*. Nueva York es un ejemplo típico.

Eisenhower fue tal vez, el último gran presidente mediocre que tuvo este país. Se pasó casi todo el tiempo jugando golf. Nunca tomó grandes decisiones heroicas. No tenía que demostrar nada. Cuando entró en la Casa Blanca ya tenía bien ganado su puesto en la historia y el país reposó durante sus ocho años. No hay nada más peligroso que un presidente empeñado en hacer cosas heroicas para demostrar cosas inútiles.

Probablemente, nunca será posible repetir el fenómeno de la clase media americana. Los ideales de aquella burguesía contenían todos los ingredientes de la felicidad humana. Fue la edad de oro de la mediocridad. En la década de los años 60 todo aquello se fue al diablo. Allí comenzó la tragedia. La hija de 17 años apareció misteriosamente preñada y el hijo de 15 arrestado con varios cigarrillos de marihuana. Ocurrió algo inconcebible. Empezaron a ocurrir cosas que no habían ocurrido antes. El ideal de vida sosegada, de escuelas públicas limpias y seguras, de universidades desciplinadas donde se respetaban las buenas costumbres y se hablaba correctamente, todo eso empezó a deteriorarse. Ya en la década de los años 70 la clase media tuvo que empezar a mandar a sus hijos a las escuelas privadas. Y ya ni eso funciona.

En *El Quijote* que es un libro fundamental ya aparece el prototipo del hombre mediocre. Me refiero a Don Diego de Miranda, el Caballero del Verde Gabán. Todo en Don Diego es medido, correcto, decente, limpio, honesto, discreto.

José Ingenieros, que era argentino, lo cual ya delataba su afición al bochinche (que es lo propio nuestro) cometió un grave error cuando escribió con saña aquel libro que se llama *El Hombre Mediocre*. Tal vez, si viviera, Ingenieros sería partidario de Carlos Menem, que es lo contrario de la mediocridad. Ingenieros se equivocó. La mediocridad no es un defecto. Es una virtud

Todavía en Estados Unidos y en ciertas zonas, se mantienen los patrones de la mediocridad. Por ejemplo, esas largas investigaciones que suele hacer el FBI para determinar si una persona es apropiada para desempeñar un cargo (*clearance*) van encaminadas a determinar el grado de mediocridad del aspirante. Si es un individuo controversial será rechazado. Ser controversial en Estados Unidos es un grave delito. En los últimos tiempos, sin embargo, viendo la cantidad de gente que obtiene cargos, yo he llegado a dudar de la eficacia de esta investigación. ¿Qué otra cosa son los Burós de Crédito que guardianes de la mediocridad? La más leve sospecha descalifica a cualquiera. También hay que admitir que eso está cambiando mucho. Hay que sospechar que Estados Unidos se está quedando sin grandeza.

Confieso que yo siento una profunda devoción por la mediocridad. Hay que entender el profundo sentido que tiene esta virtud. Lo digo en serio. El que se va a casar, hombre o mujer, debe estar seguro de que va a formar un matrimonio mediocre. Son los mejores. Casarse con alguien sensititivo, inteligente, nervioso, etc., es una tragedia. Los matrimonios mediocres duran muchos años y son felices. Es posible que a los 80 años todavía se metan en la cama con entusiasmo. También los hijos mediocres son los mejores. Son buenos, cariñosos, dóciles, correctos. ¿Ha pensado alguien, alguna vez, los horrores que debe haber pasado el pobre padre de Franz Kafka? ¿O el de Federico Nietzsche? El que se saque un hijo mediocre, contador por ejemplo, o vicepresidente de algo, tiene asegurada la felicidad.

Diario *La Prensa*, 1991

TEORÍA DEL CALLEJÓN SIN SALIDA

El tema más apasionante ahora en la Florida es el que se refiere a los muchachos (teenagers) y a la hora en que deben ser reducidos al hogar. Es decir, el toque de queda para los muchachos. Unos opinan que deben desaparecer de las calles entre las 10 de la noche y las 6 de la mañana. Otros dicen que entre 11 y 6. Unos creen que el toque de queda debe comprender a los muchachos menores de 16 años. Otros hablan de los 18 años.

Según mis informes, algunos padres están seriamente preocupados. ¿Y qué hago yo con este monstruo si me lo tengo que soplar en la casa desde las 10 de la noche?, piensan algunos.

Hay que tener en cuenta que muchos de estos muchachos están armados. Casi todos tienen automóviles y usan aretes. El hecho de si tienen o no edad para manejar un automóvil no tiene importancia. Lo tienen de todas maneras. Les da la gana.

Los que están más preocupados no son los padres, en definitiva. Los que están aterrorizados son los policías. Si aprueban las regulaciones del toque de queda, ¿quién va a salir a la calle a recoger a los muchachos menores de 16 y 18 años? ¿Quién se atreve a preguntarle a un muchacho armado y con aretes la edad que tiene y si tiene derecho o no para andar por la calle?

¿Y qué hacer con los muchachos si logran agarrarlos después de las 10 de la noche? ¿A dónde los llevan? Imaginemos la escena. ¿Dónde vives tú?, pregunta el pobre policía, que no está entrenado para interrogar a las gentes sino para dispararles. "Yo vivo en el cu... de tu m...", sería la respuesta del muchacho.

¿Qué hacer en una situación semejante? Imposible. Alguien ha sugerido que se fabriquen grandes centros de reclusión en cada barrio para encerrarlos. Pero,

¿cómo? ¿varones y hembras? Eso provocaría un aumento escandaloso de la natalidad. Entonces, alguien ha propuesto que se fabriquen centros de reclusión para varones y otros para hembras. Esta idea ha sido bien acogida por los que siempre sueñan con meterle otro 10 por ciento al impuesto a la propiedad y por los constructores que se reparten con los funcionarios los márgenes de utilidad que dejan los contratos.

Pero las Iglesias están en total desacuerdo. Almacenar a los varones en unos edificios y a las hembras en otros estimularía la homosexualidad.

Por suerte, a nadie se le ha ocurrido la fórmula que están utilizando en Río de Janeiro, Sao Paulo, Bogotá, etcétera, que consiste en organizar expediciones nocturnas para asesinar a los muchachos.

Los editorialistas de los periódicos locales, que son siempre tipos (y tipas) sesudos y mediocres, están indignados con los planes para controlar a los muchachos. "Eso viola los derechos civiles de los jóvenes inocentes", dicen, partiendo del supuesto, negado, de que hay jóvenes inocentes.

En Miami, por ejemplo, hay un grupo de ciudadanos honorables que están estudiando la posibilidad de establecer una regulación que obligue a los automovilistas que cruzan frente a las escuelas a hacerlo a una velocidad de no menos de 55 millas por hora. Actualmente se les obliga a cruzar a 15 millas por hora, lo cual constituye un serio peligro para sus vidas. Hasta los de las escuelas primarias lanzan piedras. Los de las secundarias están frecuentemente armados.

En ciudades como Miami, muchas gentes no se atreven a salir de noche por temor a los asaltos. Muchos de los asaltantes son muchachos. Las autopistas se han vuelto peligrosas. Usted va por una autopista con su automóvil, muy contento, y de pronto le revienta un ladrillo en el cristal delantero y usted pierde el control del vehículo. Naturalmente, usted se mata, o se queda en una silla de ruedas. Lo importante, según los editorialistas, es que hay que salvar los derechos civiles de los muchachos.

Hace pocas semanas visité a un amigo cubano que huyó de Cuba en busca de la libertad, y para que no le quitaran la "patria potestad", y trajo un par de niños de poca edad. Los "niños", por supuesto, han crecido y tienen 16 y 17 años. No hablan una palabra de español y tampoco hablan inglés. Es decir, sí lo hablan, pero no se les entiende. Han descubierto unos extraños procedimientos para la comunicación que consisten en emitir gruñidos. Mi amigo y yo estábamos hablando de los tópicos usuales entre los cubanos viejos. Por ejemplo, que si esta Nochebuena no la vamos a pasar en Cuba porque el malvado de Fidel sigue allí, pero la próxima sí que va de verdad. Y que si ya la cosa es inminente. Que el primo de un amigo que vive en Washington le dijo que ya estaba todo preparado. Que Alpha 66 estaba a punto de desatar una ola de terrorismo que iba a derribar al tirano. Que la unidad iba de verdad. Estábamos, como digo, embelesados con estos temas tan interesantes y de tanta actualidad, cuando entró uno de sus hijos, grande y fuerte y con cara de pocos amigos. Mi amigo inmediatamente se calló la boca y me hizo señas para que hiciera lo mismo. Después que el monstruo se perdió en el interior de la casa, yo le pregunté que por qué teníamos que callarnos. "Es que él se pone bravo cuando me oye hablar en español", me dijo. "¿Y si tú no hablas inglés, entonces cómo te las arreglas?", le pregunté al infeliz que había huido de Cuba para no perder la patria potestad. "Pues no hablo", fue la respuesta.

25

Pues bien, esa es la situación. Todo el mundo está estudiando la forma de controlar a los muchachos sin violarles sus derechos civiles. Los editorialistas insisten en que no se pueden imponer toques de queda. Eso es anticonstitucional. De todos modos, si aprueban el toque de queda no va a pasar nada. La policía no va a recoger a los muchachos. Ni a uno solo. Eso es muy peligroso. En todo caso, si deciden arrestar a un muchacho siempre lo harán después de convocar a cinco carros patrulleros. En mi opinión, lo que va a ocurrir a la larga es que los adultos tratarán de quedarse en sus casas después de las 10 de la noche y le cederán las calles a los muchachos para que pinten las paredes, tiren piedras, asalten a los turistas desprevenidos, roben automóviles, etc., etcétera. Esa es una fórmula que ha tenido mucho y buen éxito en muchos países donde hay guerrillas y que en Cuba, antes de 1959, dió muy buenos resultados. Por el día los soldados patrullan las calles, muy orondos, muy contentos, y por las noches los soldados se meten en los cuarteles y los guerrilleros entran en las ciudades para poder tener un poco de expansión.

Si se viene a ver, este problema de los muchachos tiene mucha relación con el aborto, con la libertad sexual, con el crecimiento incontrolado de la población, con la estupidez de las burocracias locales y nacionales, con la burocratización de las policías, con la corrupción entre los jueces, con el crecimiento de la ignorancia, gracias a la televisión, a la radio y a los periódicos y a un largo etcétera. Yo insisto en mi tesis de que es absurdo que sea necesario conseguir un permiso de construcción para poder fabricarle un portalito a una casa, y sin embargo, cualquier mujer, porque le dé su realísima gana, sin pedirle permiso a nadie, sin necesidad de sacar una licencia, sin demostrar que reúne las condiciones necesarias, pueda lanzarse a instalar otro ser humano en el mundo con todas las agravantes del caso. Eso es absurdo. Y dejo constancia de mi protesta indignada.

Diario *La Prensa*, 1993

LOS CUBANOS ACABAN DE DESCUBRIR EL FEO ROSTRO DEL IMPERIO

El saldo de la crisis de los balseros ha sido positivo para los intereses permanentes de la nacionalidad cubana. Lo que se ha roto, en forma abrupta, es la imagen de Estados Unidos como el país benévolo, generoso, esperando con los brazos abiertos a todos los cubanos que lograran pisar lo que se llama "tierra de la libertad". Esa imagen ha durado 34 años, o más. Y de pronto, rompiendo todas las tradiciones, el rostro un poco tétrico de Janet Reno, la secretaria de Justicia, apareció en las pantallas de televisión anunciando la decisión del presidente Clinton de que ningún cubano sería admitido en Estados Unidos. "¡Ni uno más!", fue la expresión seca y firme. "Y serán mantenidos en los campamentos de Guantánamo en forma indefinida", agregó. Es decir, por una eternidad, como en el infierno.

No es cierto, por supuesto. El presidente Clinton ya se ha hecho famoso por su incoherencia. Hoy dice una cosa y mañana dice otra. Su política de constante zig-zag lo ha hecho impopular. Es evidente que los cubanos de los campos de concentración irán saliendo, poco a poco, sin que nadie se dé cuenta, discretamente. Ya hace pocos días con motivo de una visita a Miami para pedir votos, el Presidente y su esposa acordaron endulzar la cosa poniendo en libertad a unos 300 cubanos, niños, ancianos y enfermos. Las razones de política menuda son las que mueven al presidente americano.

El gobernador de la Florida, Lawton Chiles, está haciendo una campaña publicitaria muy intensa para ganar la reelección, y aparece en la televisión anunciado que ha salvado a la Florida del desastre de miles de cubanos que se proponían destruirla.

No hay dudas de que Estados Unidos resolverá de algún modo, en un proceso más o menos largo, el problema de los campos de concentración en Guantánamo. Pero tampoco es posible dudar del hecho de que ha cambiado, en forma permanente, su política hacia los cubanos que salen de la Isla. Eso es malo para los cubanos que se habían acostumbrado a soñar con el falso paraíso de la vida americana, pero es muy bueno para los intereses *permanentes* de la nacionalidad cubana. Al margen de los individual, que es siempre respetable, es necesario salvar lo permanente.

Los que inventaron los campos de concentración en Guantánamo, es decir, el gobernador Lawton Chiles y el cubanoamericano Jorge Mas Canosa, con la complicidad de varios miembros de la Fundación Cubano Americana, lo hicieron con una doble motivación. Chiles para impedir que un segundo Mariel le impidiera ganar la elección, y Mas Canosa con el propósito de aislar más a Cuba. Es decir, darle otra vuelta a la tuerca para apretar más a Cuba, y siempre con la esperanza de provocar una situación caótica en la Isla. Convencer al presidente Clinton no fue difícil. Mas Canosa, inclusive, alardeaba después de la entrevista, de los puñetazos que había tenido que dar sobre la mesa para obligar al Presidente a hacerle caso.

Lo que no pudo prever Mas Canosa, un hombre que carece de previsión política, es que su acción iba a provocar resultados totalmente opuestos. El espectáculo de más de 35 000 seres humanos huyendo de la Isla en balsas iba a convencer al mundo entero de que el verdadero problema de Cuba, el problema inmediato, es el bloqueo de Estados Unidos. Las gentes huyen acosados por el hambre. Por otra parte, Estados Unidos, al renunciar a su política de acoger a los supuestos *exiliados políticos perseguidos por el gobierno de Cuba*, tuvo que confesar, públicamente, que se trataba de inmigrantes ilegales. Es decir, el concepto de perseguido político dejó de tener validez. Durante 34 años se había recibido a los cubanos en Estados Unidos como héroes, como perseguidos por una tiranía feroz, y los cubanos estuvieron todo ese tiempo disfrutando de beneficios incalculables. Ya eso se acabó cuando comenzaron a apresar a los cubanos que huían en balsa para arrojarlos en los campos infernales de Guantánamo.

Otro resultado importante de la crisis yace bajo la superficie. Es decir, no se ve, pero está ahí. Imposible que Estados Unidos pudiera negociar la crisis de los balseros suspendiendo el bloqueo inmediatamente. Una gran potencia no negocia bajo presión. Pero siempre lo hace, a su manera, cuando sus intereses están envueltos en una situación. Es evidente que la decisión de levantar el bloqueo y normalizar las relaciones con Cuba, al margen de los grupos mafiosos de Miami, está presente en el Congreso y en la Casa Blanca. Y, por supuesto, en el Pentágono. Es un problema de tiempo. No es posible justificar por más tiempo el aislamiento de Cuba. Y, sobre todo, no es posible seguir corriendo el riesgo de que en la Isla se cree una situación caótica, provocada por el hambre, y medio millón de cubanos se presenten frente a las costas de la Florida exigiendo asilo. La única manera de impedir eso es suspendiendo las hostilidades.

Lo más importante, sin embargo, es que los cubanos acaban de descubrir, en estos meses, el verdadero rostro de Estados Unidos. La experiencia de los campos de Guantánamo va a quedar almacenada en la conciencia de los cubanos por largos años. Por muchos esfuerzos que se hagan para aminorar el rigor de los campos militarizados, los que queda en el recuerdo son las alambradas, el aislamiento, el hacinamiento, la desesperanza, las dolorosas dificultades de una prisión.

Lo que más daño le ha hecho a Cuba durante las tres últimas décadas ha sido el crecimiento de la noción de que bastaba cruzar el estrecho de la Florida para recomenzar una nueva vida con magníficas oportunidades para el enriquecimiento. Durante más de 25 años yo he estado protestando, en la prensa del exterior, contra el éxodo cubano, alimentado por Washington y con la complicidad de las tribus de exiliados. Ese éxodo ha sido como un desangramiento de la nacionalidad.

El verdadero rostro de Estados Unidos, especialmente de sus dirigencias políticas, no es el que han estado contemplando embelesados los cubanos durante 34 años. Sin olvidar las grandes virtudes del pueblo americano, y el hecho de que se trata de una sociedad organizada sobre la base del respeto a la ley, si bien un poco teóricamente en los últimos años, el hecho concreto es que Estados Unidos suele poner por encima de todo el interés nacional, lo cual es muy correcto. No es cierto que los inmigrantes, sobre todo los de procedencia hispánica, sean acogidos con entusiasmo. Eso es un mito. Negros e hispanos son las dos minorias mayores en el conjunto de población y han tenido que luchar con las uñas para lograr un espacio vital que se les regatea todavía constantemente.

En tiempos del gobierno de Fulgencio Batista, entre 1952 y 1959, la vida de los exiliados cubanos en la Florida, y en otras partes del país, fue muy dura. El Departamento de Inmigración fue siempre un azote para los cubanos de aquella época. La oportunidades de trabajo eran muy escasas. Las autoridades locales y federales perseguían con saña a los cubanos que trataban de hacer algo contra el gobierno de Batista. En ningún momento, durante aquellos años, fue posible que los exiliados pudieran conseguir un breve espacio en la radio, en Miami o Nueva York, para transmitir propaganda contra Batista, que era considerado como un presidente amigo. Tampoco fue posible hacer una publicación, como no fuera clandestina. Algunos exiliados tuvieron que inscribirse como agentes extranjeros en el Departamento de Justicia de Washington para poder realizar alguna actividad contra el gobierno de Cuba. El ex presidente de Cuba, Prío Socarrás, fue paseado por la calle Flagler de Miami, esposado, y arrojado en una celda por el delito de mezclarse en algunos actos contra el gobierno de Batista. Casi toda la gran prensa americana, empezando por *The Miami Herald,* silenciaba las actividades de los exiliados. Es decir, no había acceso a sus páginas. Los cubanos exiliados que querían obtener la residencia permanente tenían que pagar costosos abogados para gestionar las visas.

Quiero decir con esto que los cubanos que vivimos en aquel exilio conocimos muy bien, y muy de cerca, el comportamiento del gobierno de Estados Unidos con los cubanos que habían buscado asilo en el país. Lo que está ocurriendo ahora en Guantánamo, en Panamá, en el campamento de Krome, etcétera, no es nada nuevo.

Pero, a partir de 1960, se produjo un cambio radical en la decoración. Comenzó la luna de miel de Washington con los cubanos que salían de Cuba. Las visas las repartían en los parques. A los cubanos que formaban parte del gobierno de la revolución se les ofrecían cantidades considerables de dinero para que desertaran y se les aseguraba un sueldo mensual. Se creó una oficina que llamaban Refugio, y todos los que llegaban recibían un permiso para trabajar, un sueldo mensual y hasta un "ranchito" todos los meses. El tratamiento era exquisito. Así fue como empezó a crecer la idea de que los que se quedaban en Cuba eran traidores y los que llegaban a Miami eran héroes. Desde 1960 hasta ahora, 1994, hemos visto como se ha ido creando en Miami una especie de "patria de repuesto", subvencionada por Estados Unidos. Las estaciones de radio se abrieron. Surgieron mil periodiquitos, algunos con subvención de Washington. Se inventaron grandes líderes políticos, todos ellos con sueldos de Washington.

¿Cómo y por qué se había producido un cambio tan radical y qué sorprendió a los que habían vivido en el exilio de Batista? La respuesta es muy simple. Cuba había pasado a ser una ficha en la Guerra Fría y Estados Unidos estaba iniciando la campaña para aplastar a Cuba. Necesitaban aliados. De la noche a la mañana todas las autoridades, locales y federales, comenzaron a hacerse de la vista gorda. Todo les estaba permitido a los cubanos. Las otras nacionalidades eran perseguidas y encadenadas, como los haitianos, pero los cubanos disfrutaba de privilegios que nunca se les habían otorgado a los extranjeros. Podían hacer lo que les diera la gana. Podían violar las leyes. En último término, los jueces se mostraban benévolos con los cubanos porque eran algo así como héroes. Los periódicos locales, como el *Herald*, fueron lentamente infiltrados por los cubanos y llegaron casi a convertirlos en aparatos de propaganda para la causa.

Este fenómeno asombroso de la fundación de una *Cuba de repuesto* en Miami, que estaba esperando con los brazos abiertos a todos los que se decidieran a dar el salto hacia la libertad y la felicidad, ha sido lo que ha estado torturando la mente de miles de cubanos de la Isla. Es el sueño americano. Es la felicidad al otro lado del estrecho. Es la riqueza. Esto ha dividido a las familias cubanas. Ha trabado la acción de los cubanos de la Isla. ¿Por qué trabajar y esforzarme en mi país si allá tengo otro país que me lo ofrece todo con ningún esfuerzo? Y además, en mi país escasea todo, y allá sobra todo. Y allá tengo familia, que vive feliz. ¿Por qué pasar tantos trabajos? Es una visión falsa. Pero echó raíces en Cuba.

Podría decirse que es un milagro que todavía queden diez millones de cubanos en la Isla. Las hermosas perspectivas que han tenido los cubanos durante 34 años han sido demasiado atractivas. El *pull* ha sido irresistible. Tal vez haber podido resistir esa tentación ha servido para robustecer la conciencia nacional en los que se han quedado.

Yo no creo mucho en la felicidad de los que se han segregado de la patria en que nacieron para incorporarse a un sistema político y económico que tiende a ser agobiante. La palabra Patria la uso con cierta repugnancia, porque detesto todo lo que parece retórica, pero no queda más alternativa que usarla. Ahí queda. El fenómeno que he observado, a través de los años, es el de la ruptura familiar, la pérdida de la identidad, la descomposición de la lengua materna. Los bienes de consumo, tal vez, no compensan la pérdida de los valores originales del individuo.

Hoy, en Estados Unidos, en todo el país, hay una violenta racha antiinmigratoria. El odio al imigrante ya se observa en los ojos de los nativos. En California hay un vasto movimiento popular para cerrar las puertas a los inmigrantes mexicanos. En algunos pueblos se ha dado el caso de grupos de blancos, de corte fascista, que salen a cazar mexicanos. El plan del gobernador Lawton Chiles para meter a los cubanos, como si fueran ganado, en los campos de concentración de Guantánamo se inscribe dentro de esta tendencia nacional a perseguir a los imigrantes. Salvo en los condados del sur de la Florida, donde hay cubanos, la actitud del gobernador Chiles es muy admirada por los habitantes de la Florida. Los emigrantes cubanos son profundamente despreciados en los condados del norte de la Florida.

Hay que solidarizarse con el dolor de estos cubanos que están en los campos de Guantánamo. No puede ser de otro modo. Se metieron en balsas para poder llegar a la tierra de promisión y fueron secuestrados en alta mar para ser hacinados en Guantánamo. Pasarán mucho tiempo ahí. Por lo menos hasta que Washington, donde está la cabeza del imperio, logre resolver sus contradicciones internas. Se han pasado 34 años recibiendo en la Casa Blanca, como héroes, a los que huían de Cuba. De pronto descubren que eso no está bien. Claro que no está bien. No estaba bien desde antes. Y ahora se van al extremo opuesto, es decir, a ponerle cadenas a los que huyen y a meterlos detrás de las rejas de un campamento. Pero eso tampoco está bien. Es un crimen.

Pero, repito, eso es positivo para los intereses permanentes de la nacionalidad cubana. Mi experiencia como desterrado de 41 años, con todas sus agravantes, y como ciudadano de segunda clase de otro país, es que los cubanos no deben salir de su tierra por muchas que sean las dificultades. Es mejor luchar por resolver las dificultades que soñar con la fuga a otro país donde nunca será bien recibido. Es mejor crear en tierra propia y sembrarse en ella que correr la aventura de otros mundos. La nueva política de Estados Unidos hacia los cubanos, negándoles los derechos que nunca debieron tener, es buena en un sentido general. Esa política, por otra parte, es un primer paso para normalizar las relaciones entre Cuba y Estados Unidos, con lo cual se pondrá fin a este largo proceso de hostilidades que ya no tiene sentido

Mas Canosa, hombre de ambiciones desmedidas y de poca cabeza, creyó que aislaba más a Cuba al gestionar con el presidente Clinton la creación de los infames campos de concentración, y se equivocó. Lo que ha logrado es romper el mito de la tierra de promisión. No hay tal tierra ni tal promisión. Al cortarse el flujo del éxodo se le da más vida a la conciencia nacional cubana.

Revista *Contrapunto*, 1994

POLÍTICA SIN IDEALES Y SIN VERGÜENZA

Mas Canosa está profundamente disgustado con el artículo que publicó la revista *The New Republic* (3 de octubre de 1994) y en el cual se ofrece una especie de prontuario o resumen de las actividades políticas, y no políticas, del conflictivo personaje. La revista usa la palabra *mobster* para referirse a Mas Canosa y también la palabra *megalomaniac*. Esta última no parece preocuparle mucho a Mas Canosa, pero la primera lo ha irritado hasta el punto de que está amenazando con ponerle una demanda a *The New Republic*.

¿Qué es un *mobster?* La palabra no aparece en los diccionarios más comunes. Sin embargo, en los más especializados se define al *mobster* como el miembro de una banda de criminales.

Uno puede pensar cualquier cosa de Mas Canosa, y en estos momentos millones de cubanos lo ven como el individuo sin escrúpulos que gestionó del Presidente de Estados Unidos la creación de campos de concentración para recluir a casi 35 000 cubanos. Ese estigma no se lo va a quitar de arriba.

Pero lo de *mobster* me parece un poco exagerado. La Fundación Nacional Cubano-Americana no es una banda de criminales. No se dedican a matar gentes. O, al menos, no existe constancia de que lo hagan. Se sabe, de modo bastante positivo, que persiguen en forma encarnizada a sus adversarios. El mismo Mas Canosa lo proclama de viva voz, y hay constancia de ello, cuando asegura que "no olvida a sus adversarios". Es cierto. En Miami algunas gentes han tenido que pagar un alto precio por discrepar del pintoresco personaje que se proclama a sí mismo como el líder más importante de la causa anti-castrista. Mas Canosa ha tratado, en el pasado, de mover sus influencias en Washington (que su dinero le cuestan) para provocar que algunos de sus críticos o competidores sean investigados por el FBI o por el Internal Revenue Service (IRS). El artículo de *The New Republic* recoge la versión, muy generalizada, de que fue Mas Canosa el que forzó al fiscal federal Dexter Lehtinen, a invadir la residencia de Ramón Cernuda, un vendedor de obras de arte, para confiscarle una colección de cuadros de pintores cubanos. El fiscal Lehtinen es el esposo de Ileana Ross-Lehtinen, una cubana que logró llegar al Congreso de Washington gracias al aparato de presión de la Fundación. Fue una acción sucia e ilegal. Mas Canosa quería tomar venganza de Cernuda por el simple hecho de que el hombre apoyaba el diálogo con Castro. Es decir, discrepaba de la Fundación. Posteriormente un juez echó abajo todo lo que había hecho Lehtinen.

Es imposible enumerar, una por una, las cosas que ha hecho la Fundación, durante años, para establecer un régimen de terror en Miami. En cierto modo, se trata de una organización, hasta cierto punto secreta, que se infiltra silenciosamente en todas partes y premia a los que la obedecen y castiga a sus críticos. Ninguno de los candidatos, en ninguno de los municipios de Miami, y tampoco en el gobierno del condado, puede atreverse a aspirar si no cuenta con el visto bueno de Mas Canosa y de la Fundación.

Mas Canosa maneja, con absoluta autoridad, las trasmisiones de Radio Martí y las de TV Martí. Esta última nadie la ve en Cuba; pero Mas Canosa ha obligado al gobierno a pagar por unos programas ridículos que nadie ve, simplemente para demostrar la fuerza que tiene en la Casa Blanca y en el Congreso. Nadie puede trabajar en estas plantas si no tiene la aprobación secreta de Mas Canosa.

Si algún día se creara una comisión de alto nivel para investigar las ramificaciones de la Fundación en el sur de la Florida, en los gobiernos locales, en el gobierno del estado, en la obtención de contratos millonarios, en la distribución de puestos, etc., el resultado sería espectacular.

¿Cuántas gentes han sido amenazadas por Mas Canosa y por los elementos que forman su guardia personal? Por lo pronto, el representante demócrata negro por Nueva York, Charles Rangel, ha denunciado que fue personalmente amenazado por Mas Canosa. La Fundación se gastó una considerable cantidad de dinero para impedir la reelección de Rangel. Claro está que fracasó. En Miami, la lista de los amenazados seria interminable.

Por supuesto, la causa que esta organización dice defender es *la libertad de Cuba*. Pero, mientras tabajan por una *causa política*, los miembros de la Fundación han dedicado la mayor parte de su tiempo a enriquecerse de un modo asombroso. No puede decirse que la Fundación, y tampoco Mas Canosa, tengan una ideología. No se han tomado la molestia de inventar un credo. Toda la política de la Fundación consiste en sobornar congresistas americanos, presionar en los medios de comunicación, y hacer mucha bulla para provocar una invasión de Cuba por las tropas de Estados Unidos. Si mueren miles de cubanos y americanos en una empresa semejante, eso no importa. Mas Canosa aspira a llegar al poder del mismo modo que lo hizo el gordo Endara, en Panamá. ¿Y después? Venderlo todo. Vender las concesiones. Vender las propiedades. A eso, tan simple, se reduce la ideología de la Fundación. En esta especie de organización masónica sin ideales se han agrupado los peores cubanos que forman en las filas de la emigración. Gente sin escrúpulos morales de ninguna clase. Lo cual explica la satisfacción que siente Mas Canosa al haber logrado convencer a Clinton para crear los campos de concentración. Me imagino que en esa organización debe haber algunas raras excepciones. Yo no las conozco.

Además de haber metido en los campos de concentración de Guantánamo, Panamá y Estados Unidos a casi 35 000 cubanos, Mas Canosa, según se afirma, está tratando de controlar el negocio de los campos. Por ejemplo, un hombre de la Fundación, llamado Guarione Díaz, o algo así, ha sido nombrado administrador en

Guantánamo. Por otra parte, las comunicaciones telefónicas entre Guantánamo y Estados Unidos, y con unas tarifas muy elevadas, casi abusivas, han sido controladas por Mas Canosa o por algún testaferro suyo. El negocio de este hombre, precisamente, son las comunicaciones. De modo que no solamente mete a los cubanos en las prisiones, sino que ahora les va a cobrar enormes cantidades a los familiares para que hablen con ellos. Negocio redondo.

Ahora bien, ¿por qué el presidente Clinton se deja manejar por Mas Canosa y la Fundación? Razones monetarias. Ni siquiera por los votos, porque la Fundación no tiene votos. *The New Republic* señala el hecho de que los grupos vinculados a la Fundación le entregaron a Clinton casi un millón de dólares para su campaña política.

Por otra parte, *The Nation* (3 de octubre de 1994) dice que en el pasado mes de marzo, una recaudación de fondos parcialmente organizada por Jorge Pérez, un anti-castrista prominente que opera en el círculo de los extremistas, logró recaudar 3,5 millones de dólares para el Partido Demócrata.

Otra explicación que ofrece *The Nation* para tratar de aclarar la conducta de Clinton, se refiere a la esposa cubana del hermano de Hillary Clinton. Esta señora vive en Miami, y aunque no se sabe que tenga ninguna experiencia en política ni que sepa nada de Cuba, salvo haber nacido allí, parece haberse convertido en un factor importante en las decisiones de la Clasa Blanca. Fue esta señora la que se opuso en los primeros meses al nombramiento de Mario Baeza en el Departamento de Estado, quien había sido tachado por la Fundación. Se afirma que también participó, de algún modo, en la brillante idea de crear los campos de concentración.

Ahora todos ellos están haciendo esfuerzos para sacudirse el estigma de los campos. Mas Canosa anuncia que va a luchar para sacarlos de la prisión en que están. La Toraño balbucea unas excusas. "Los pobres niños (...)", dice. César Odio se tragó la lengua. Dice que fue Mas Canosa. Luis Lauredo, sale a la calle con muchas precauciones. Lo que en un principio exhibían como una hazaña se les ha convertido en vergüenza. No parece que el gobernador Chiles pueda sacar un solo voto entre los cubanos del sur.

Diario *La Prensa*, 1994

MIAMI: UNA INVITACIÓN AL DESASTRE

Francamente, yo creo que la mayoría de los cubanos, tanto en la isla como en el exterior, coinciden en un punto. Y es que es necesario introducir reformas políticas y económicas en el sistema vigente en la Isla. Sin embargo, las diferencias entre los cubanos comienza cuando se empieza a hablar de cuándo y hasta dónde y cómo.

Por supuesto, para no engañarnos, yo soy partidario de una reforma a fondo, es decir, una total liberalización con todo lo que esto lleva aparejado. ¿Cuándo? Por medio de un proceso evolutivo, no importa todo lo que demore. Hay que preservar la independencia y la autodeterminación. ¿Cómo? En forma pacífica. Es decir, hay que apoyar la tesis de que la revolución se transforme a sí misma, desde adentro, sin presiones externas.

Yo nunca fui partidario de la revolución. Estuve contra ella desde el principio. Es más, la preví, la temí, la combatí. He sido víctima de la revolución. Cuando los que hoy, desde Miami, incitan a la guerra y proclaman hasta la necesidad de ajusticiar a todos los responsables de la revolución, cuando esos mismos individuos estaban en Cuba participando en la etapa más feroz del proceso revolucionario, yo estaba al otro lado.

Mi posición era correcta entonces y creo que es correcta ahora. Una revolución que lleva ya 35 años transformado la vida de un pueblo, y creando estructuras políticas y económicas rígidas, no se desmonta de la noche a la mañana. Eso no es cierto. Hay que abrirle vías de transformación a la nueva generación que emerge en Cuba.

¿Dónde está el mayor peligro para la Cuba de hoy? En el poderoso aparato que se ha formado en estos 35 años al otro lado del Estrecho de la Florida con apoyo de Estados Unidos. Es lo que yo llamo la patria portátil. O la patria de repuesto.

Hay que entender esto. El cubano que se ha incorporado a la sociedad norteamericana, tanto los que llevan muchos años como los que llegaron recientemente y se apresuraron a integrarse, es distinto al de la Isla.

Octavio Paz, en un ensayo muy lúcido, ha señalado las enormes diferencias que existen entre el mexicano de California y Texas, el chicano, y el que ha permanecido en su país. Son dos seres distintos. Lo mismo ocurre con los cubanos. El cubano de Estados Unidos, especialmente de Miami, tiene muy poco que ver ya con el de la Isla. La idea de que es un *exiliado político,* y de que lucha por la liberación de su patria para regresar a ella, es absurda. Es una peligrosa invención de la propaganda.

El cubano de Miami se ha segregado totalmente del tronco nacional cubano. Es falso eso de que conserva la lengua y las costumbres. En rigor, no es la misma lengua y tampoco son las mismas costumbres.

Una demostración muy clara está en las relaciones del cubano supuestamente exiliado de Miami con el negro. El odio que existe entre cubanos y negros en Miami es de alta intensidad.

En Cuba, hoy, la población negra ha aumentado de manera considerable. El cubano que ha vivido años en una sociedad racista como la de Estados Unidos, y que ha asimilado sus sentimientos, no está en condiciones de reincorporarse a la vida cubana. Recuérdese el violento conflicto con Mandela.

Lo peor que le podría ocurrir a Cuba es que el aparato político-económico que se ha formado en Miami llegara a tener influencias mediante un vuelco violento del sistema que existe hoy en la Isla.

Hay más de un millón, casi dos millones, de cubanos en lo que llaman exilio, y la mayoría son blancos. La posibilidad de que todas estas gentes caigan sobre Cuba, amparadas por Estados Unidos, para diseñar un poder político que tome el lugar de la revolución, debe ser considerada como una catástrofe de gran magnitud. Sería, casi, una ocupación extranjera. Las primeras víctimas de esta *invasión* serían los sectores negros de la actual población cubana.

El destino de Cuba sería trágico si llegara a plantearse una confrontación racial como la que señalo. Lo que se entiende en Miami como *liberación* de Cuba es, de hecho, una ocupación para barrer con la estructura social que se ha formado al calor de la revolución.

El núcleo cubano que se ha formado en Miami proyecta una amenaza gravísima sobre Cuba. Es posible que los dirigentes políticos de Estados Unidos estén muy conscientes de la utilidad que representa este núcleo para el proyecto de "salvar a Cuba" y reincorporarla a la esfera de influencia americana. Es, de hecho, un ejército civil de ocupación.

Cuando los dirigentes políticos latinoamericanos y europeos, y cuando los jefes de los grupos anti-castristas de Miami, plantean como una necesidad el establecimiento inmediato de una democracia representativa en Cuba, con elecciones, parlamento, constituyente, libertad de prensa, etc., lo que están pidiendo, sin duda, es el rotorno de Cuba a la órbita americana y la partícipación inmediata de los sectores de Miami en el proceso democrático. De hecho, están invitando al desastre.

Este retorno al sistema democrático sería factible,sí no existiera en Miami un núcleo de casi dos millones de cubanos (diferentes a los de la Isla) agazapados y esperando la oportunidad de lanzarse sobre lo que consideran una rica presa. Esta segunda revolución seria más devastadora que la primera.

Yo entiendo que los dos factores que obligan al gobierno cubano, a Castro, a no ceder son el de las 90 millas y el de la patria de repuesto que tienen preparada en Miami. La revolución no se ha podido reformar a sí misma precisamente porque existe la amenaza del desastre.

¿Cuál es la solución? Yo soy pesimista. Que nadie espere que yo me encarame en soluciones utópicas. Yo he visto, durante 40 años, cómo el cubano se ha ido degradando intelectualmente y cómo ha ido perdiendo conciencia nacional. Es decir, me refiero al cubano de afuera, lleno de odios, falto de inteligencia, y ansioso de ver cómo la Isla arde de un extremo al otro, sobre todo cuando él ya ha logrado rescatar a toda su parentela. Estoy convencido de que el cubano, al incorporarse a la sociedad americana, y sobre todo, si tiene éxito económico, se convierte en una mala bestia capaz de todos los excesos. Las virtudes, pocas o muchas, que tenemos como pueblo se desvanecen al sumergirnos en el vasto mundo americano. No generalizo. Hay excepciones.

La solución (utópica) sería que sectores cubanos inteligentes del exterior (que no existen) y una fuerte presión de los países de la América Latina y Europa puedan obligar a Estados Unidos a cambiar radicalmente su política sobre Cuba hasta el punto de renunciar a determinar el destino político de la Isla. Esto supone la suspensión de la guerra contra Cuba, la suspensión del embargo, la devolución de Guantánamo, el desmantelamiento de los grupos anticastristas de Miami y otras ciudades, y el establecimiento de relaciones respetuosas y en pie de igualdad con el gobierno de Cuba. Y todo esto sin condiciones. Sin negociaciones.

En un escenario como el que describo yo no excluyo la progresiva retirada de Castro del poder y el restablcimiento de un sistema democrático.

En Cuba está apareciendo una nueva generación que es mucho más capaz y honesta que las anteriores y que podría llevar el país a un sistema de relaciones con Estados Unidos que sería beneficioso para unos y para otros.

Cualquier solución violenta que se le imponga a Cuba desde el extranjero, utilizando como tropa de choque las hordas de Miami, provocaría una catástrofe con resultados espantosos para todos.

Revista *Contrapunto*, 1994

LOS EMIGRANTES DE EXILIO CITY

En los últimos tiempos se ha hablado mucho, entre los cubanos, sobre exiliados y emigrantes. La palabra *emigrante* no disfruta de mucho prestigio en las comunidades cubanas. En Cuba, sin embargo, se suele usar la palabra *emigración* para designar a los que viven en el exterior. El tema es complejo.

La experiencia demuestra que un porcentaje muy alto de los cubanos que viven fuera de la Isla la abandonaron por razones económicas y atraídos por las graciosas ventajas que les han ofrecido las leyes de inmigración de Estados Unidos. Si esas mismas ventajas se las ofrecen a cualquier otro país, es decir, a los habitantes de cualquier otro país, todos correrían hacia territorio americano llenos de entusiasmo. Ha sido, en realidad, un drenaje constante que ha servido para degradar a la nacionalidad cubana. La intención inicial de Washington, al facilitar las salidas de Cuba, era estrictamente política. El propósito era demostrar que el gobierno de Castro era tan horrible que todo el mundo se quería ir.

La conversión de Miami en una ciudad del Cuarto Mundo, con todos los atributos de corrupción política, crimen, desorden, suciedad, ruido, escuelas infernales, calles rotas, etc., etcétera, ha sido el castigo que ha recibido Estados Unidos. La situación hoy, al cabo de 35 años, es curiosa. No le dan visa a nadie, o a muy pocos, en Cuba. Prácticamente, está cerrada la posibilidad de salir legalmente del país y venir a Estados Unidos. La única vía que siguen utilizando los cubanos es la ilegal. Los balseros, estimulados por las estaciones de radio y recibidos como héroes. Los desertores. Los que asaltan barcos y aviones para llegar a Miami. Los que se meten en las embajadas para provocar un conflicto. Todo esto ocurre porque Estados Unidos *no da visas*. El juego está claro: no le damos visa, pero si usted se las arregla para tocar territorio americano, no importa como sea, usted enseguida obtiene el derecho a quedarse, y al año es residente. Es obvio. Se trata de una emigración masiva que tiene poco que ver con el exilio político.

Para la mayoría de los cubanos, sobre todo de Miami, el destierro no es una tragedia. Es la gloria. Inclusive han llegado a convertir el *exilio* en un punto geográfico. Se dice: "aquí en el exilio". De hecho, es casi una ciudad. Es raro que ninguno de los cubanos que prosperan en los cargos públicos en la ciudad haya tenido la idea que quitarle a Miami el nombre y designarla como *Exilio City*. La ciudad más alegre del mundo.

El cubano no ve esa mudanza, ese trasplante de Cuba para Estados Unidos, como un castigo, como una pena que se le inflige, sino como una lotería que gana. Hay muchos que, al pisar el suelo americano, se ponen de rodillas y besan la tierra. Es difícil imaginar a un verdadero exiliado, a un desterrado político, a un hombre que tiene que abandonar su país a causa de la persecución, arrojándose, lleno de gozo, para besar el suelo extraño que le acoge. Eso no tiene sentido.

En el fondo de todo esto lo que hay es una farsa. La estamos viviendo desde hace muchos años. En realidad yo nunca creí que el pueblo de Cuba tuviera una vocación revolucionaria capaz de transformarlo en eso que han llamado el *hombre nuevo*. Un sector importante de la población, que no se puede medir todavía, se ha integrado, ciertamente, a la revolución y permanece fiel. Pero la prueba ha sido muy dura. El atractivo de Estados Unidos siempre ha sido muy fuerte. El hecho de abrirle las puertas a los cubanos, como si fueran súbditos de una colonia, ha sido una tentación difícil de rechazar. El crecimiento de la población al otro lado del Estrecho de la Florida ha cooperado al *pull*, es decir, a la atracción. Si Cuba hubiera estado a 900 millas de las costas americanas, la revolución habría tenido más aceptación.

El cubano huye de la miseria de la Isla, una miseria que ha sido engendrada por 35 años de aislamiento impuesto por Washington, y lo hace en busca de mejores condiciones de vida. En realidad, ha emigrado por razones puramente económicas. Esas razones son válidas. Pero tan pronto pisa la tierra prometida empieza a sufrir una profunda transformación. Tiene que convertirse en un *exiliado político*. Es un residente en el exilio. Tiene que contarle a todo el mundo cosas horribles sobre la Isla que ha dejado atrás y a la cual, con toda seguridad, no quiere volver nunca más. Todos los instrumentos de presión y opresión que hay en Miami lo obligan al cambio. Hay hasta un cierto placer en convertirse en exiliado y hasta de pertenecer a uno de los mil grupos que existen en *Exilio City*. A alguien se le ocurrió, hace tiempo, vender *carnets* que demostraran la condición de *exiliado* del individuo.

Es probable que el individuo nunca se haya preocupado de la política ni sepa nada de eso. Tal vez hasta desprecie la política. Pero en su nueva vida, necesita agenciarse algunas ideas políticas. ¿Qué ideas? Es muy fácil. Las que están en el aire. Las que manejan (en el supuesto de que sean ideas) los locutores y locutoras que atronan el espacio con sus consignas. El emigrante, al convertirse en exiliado, se encuentra con un estupendo *stock* de consignas y las asume rápidamente. Así es que surge la mitología de Miami. Por eso es tan deficiente. Porque es falsa. Martí, en el siglo pasado, cuando le hablaba a los emigrados, estaba manejando ideas. Estaba combatiendo una situación totalmente distinta. Esta-

47

ba fundado una nacionalidad en contra de una potencia europea que llevaba 400 años ejerciendo un poder absoluto en la Isla. La situación ahora es distinta. El emigrante de ahora, éste de aquí, se pone, de hecho, al servicio de un país que aspira a recuperar su influencia en la Isla. Es al revés. Sobre todo esto se ha tejido una farsa. Es un juego de máscaras.

La palabra liberación ha perdido todo su sentido. La lucha que se inició en los primeros tiempos de la revolución contra el castrismo era legítima y tenía sentido. Era política. Uno se oponía a un gobierno que consideraba funesto. Uno se marchaba de Cuba porque el gobierno lo perseguía. Inclusive, en los primeros tiempos de la revolución, los que combatimos al castrismo desde Miami fuimos perseguidos por las agencias federales americanas, porque todavía los americanos protegían al gobierno que estaba reconocido. ¿Cuándo es que empieza a trastornarse la empresa anti-castrista? Cuando llegan a Miami unos caballeros cubanos, desertores de la revolución algunos de ellos, y le entregan el movimiento a Washington a cambio de unos dólares.

Lo que yo he dicho: primero vino un tipo y dijo que Castro era un tirano y que era comunista. Después vino otro, y dijo lo mismo. Y cuando vino el tercero, entonces los tres se fueron a Washington a pedir ayuda económica. Y ahí fue dónde se jodió Cuba y se jodió el anti-castrismo. Hoy el anti-castrismo lo maneja un tal Torricelli con un grupo de cubanos millonarios.

El exilio, el destierro, es una ruptura total con nuestra propia vida. Es un trasplante violento. El desterrado, al llegar al infierno que le ha deparado el destino, siente que su vida está rota. Hay algo fantasmal y agónico en su futuro. Está más cerca de la muerte que de la vida. Es un hombre que pertenece al pasado, a otro mundo que se deshace. Su vida se proyecta en forma anormal hacia el pasado. Es un ser mutilado. Una parte de él mismo se ha quedado trabada en otra parte. Lo que lo mantiene en pie es la esperanza del retorno. Vive hacia adelante, pero lo que tiene por delante es el retorno al pasado. Es impresionante que el futuro de un hombre sea su pasado.

Ni siquiera la muerte es consuelo para el verdadero desterrado. Morir sobre la propia tierra, rodeado de las cosas que han sido su vida, tiene algo de hermoso. "Polvo serás, más polvo enamorado", decía Quevedo. Morir es como un reintegro a la tierra. ¿Y a qué tierra vuelve el que muere en la que no es su tierra?

Todo esto es muy bonito, y es verdad, pero lo cierto es que el verdadero exilio cubano contra el régimen de Cuba se ha ido desintegrando. Han muerto casi todos. Los que quedamos somos supervivientes rodeados por todas partes de emigrantes disfrazados de exiliados. Ya no hay ideas ni ideales. Para que Pérez Roura y Tamargo, que son los apóstoles de la nueva clase, puedan parir una idea, sería necesario hacerles la cesárea. Ni siquiera los que fuimos exiliados una vez lo somos ya. Han pasado demasiados años. Se han roto los lazos sin siquiera haber podido establecer otros en el país adoptivo. Por eso es trágico el regreso a Cuba, aunque nada más se haga por pocos días. Se descubren muchas cosas. Y se reafirma la tesis de que todo esto que existe en el exterior, estas gentes delirantes que reclaman el derecho a ir a Cuba a arrancar cabezas durante tres días, por la libre, ni siquiera son cubanos ya. Son otra cosa. Hablan otra lengua. Sienten otras cosas. No tienen nada que ver con la trágica realidad de aquella Isla.

Diario *La Prensa*, 1994

UNA ISLA EN CARNE VIVA

Después de más de cuarenta años de destierro, con un breve intermedio en 1959, acabo de viajar a Cuba, es decir, a La Habana, para pasar siete días recorriendo la ciudad y hablando con sus gentes. No es posible recoger, en un breve artículo, las impresiones del viajero que regresa al pasado, *a su pasado*, para descubrir que ya ni pasado tiene.

¿Qué he ido yo a buscar a la Isla donde nací? No lo sé. Tal vez la intuición de que no queda mucho futuro es la que nos hace volver al pasado para buscar fuerzas. El mito de Anteo.

El que conoció mucho La Habana ya no puede reencontrarla. Es otra ciudad. Es otro mundo. Son otras gentes. Pero, a pesar de ser otras, queda en ellas un rasgo distintivo: son cordiales, son amables, son humildes. Uno les pregunta una dirección y parecen hasta dispuestos a ir con uno al lugar. ¿A qué se deberá el fenómeno de que cuando estas gentes abandonan su tierra y se insertan en el extranjero (eso que llamamos coquetamente exilio) se vuelven ásperos, insolentes y desagradables? Es un misterio. Llevo más de cuarenta años soportando al cubano de Miami y sigo sin entenderlo. Llevan un veneno adentro. El veneno del desarraigo.

Puedo decir cosas tremendas sobre este viaje, pero es evidente que no las diré del todo. La Habana me dio la impresión de una ciudad sitiada por un enemigo invisible. Parece como si hubieran sufrido un bombardeo y estuvieran esperando otro. Las casas son como cuevas. Adentro siempre está oscuro. Las gentes parece que se asoman a las puertas para ver si ya pasó el otro bombardeo.

He pasado tantos años oyendo hablar de la tiranía que hice esfuerzos para detectarla. Pero no pude. No vi los signos externos de una tiranía. Me imagino que a lo mejor existió en algún tiempo pasado. Pero debe haberse perfeccionado de tal modo que ya no se la ve por ninguna parte. Es obvio que una tiranía que no se ve, ya ha dejado de ser.

Tengo la impresión de que en Cuba hay una clara intención de apertura. Es decir, que después de 35 años de fuertes tensiones, estas gentes han llegado a entender que hay que hacer esfuerzos por reunir las partes dispersas del rompecabeza cubano. Eso es positivo. Tal vez yo he ido a Cuba, precisamente, porque intuyo los aires de una nueva primavera.

¿A qué se puede atribuir el cambio? La crisis económica es un factor. Otro factor, no se puede negar, es que la revolución ha sobrevivido varios años a la tremenda orfandad en que quedó cuando Moscú naufragó. Ha durado por sí sola, sin apoyos externos, asediada. Eso es importante. Tal vez cuando se vieron solos, a la intemperie, se asustaron. Todos sus adversarios esperaron que desapareciera. Pero estas gentes han superado el primer período de miedo y hoy se sienten más seguras. Eso, es posible, les permite entender la necesidad de la apertura.

La estrategia de Estados Unidos de apretar a Cuba hasta que reviente no ha dado resultados hasta ahora. Han pasado varios años y no hay indicios de que la olla de presión vaya a estallar. Por lo menos, yo no lo veo después de este viaje. Ya lo sospechaba. Pero ahora lo he visto de cerca. Hay algo de dignidad en este cubano que ha escogido su destino y que se enfrenta, silenciosamente, a la miseria más espantosa que ha padecido jamás un país. No se trata de Fidel Castro, a quien no se ve por ninguna parte, sino de las gentes de la calle.

He hablado con algunos funcionarios del gobierno, y lo que he visto, con mis propios ojos, es que sobrellevan la miseria de todos. Yo no he visto a los que son más iguales que otros. Deben existir. Pero yo no los he visto. Desde hace 35 años hay un tremendo proceso de desinformación sobre Cuba en el extranjero y todos, en mayor o menor grado, hemos sido víctimas de esa campaña. Todos hemos borrado a Cuba de nuestro itinerario vital. "Cuba ya no existe", nos hemos estado diciendo. Y en los automóviles de Miami hay unos *stickers* que dicen "Yo no voy", y lo repiten ¿A dónde es que no van? No van a Cuba. Está prohibido ir a Cuba. Alguien, desde lo alto de su micrófono, un analfabeto integral, ha decidido que nadie debe ir, que ir es una traición. Es una campaña destinada a meter miedo. "Si te atreves a ir te pongo una bomba", parecen decir.

Hace falta mucha cobardía para dejarse impresionar por estas amenazas. Estamos entrando en una etapa en que todos los cubanos tenemos el deber de ir allá a buscar la verdad que se oculta detrás de la propaganda. Al margen de Fidel Castro, al margen del rencor que podamos sentir contra él, al margen de las presiones de los grupos que han montado la industria del anticastrismo, a pesar de todo lo que ha ocurrido, tenemos el deber de hacer algo, cualquier cosa, para salvar al país del baño de sangre a que lo quieren provocar.

Estados Unidos, que ahora tiene, para su sorpresa, una especie de bomba de tiempo al sur del Río Grande, en el México que han penetrado hasta el mismo tuétano, también tiene una bomba de tiempo en Cuba. Y no han querido desactivarla.

Lo curioso es que si la estrategia de Washington triunfa, este mismo triunfo lleva aparejado un espantoso fracaso. Al apretar a Cuba con exceso, so pretexto de acabar con Castro, podrían llevar al país a una guerra civil. Pero no una guerra civil entre dos facciones sino entre veinte. Sobre el gobierno de Clinton caería el torrente de sangre de una isla martirizada.

Las mafias cubanas de Miami, que han estado durante años planificando la recuperación de Cuba para reinstalarla en el pasado, han estado operando siempre de espaldas a la realidad. La proletarización del país es un hecho irreversible. Con Castro o sin Castro, ese país tiene ya un destino distinto, y marcha al sonido de unos tambores que las gentes de Miami no pueden oír. Yo confieso que nos los oigo. Lo que ocurre es que intuyo.

Yo he ido a Cuba y he estado siete días en La Habana, y lo he hecho sin fobias ni filias. Soy un hombre que anda solo. Creo, sinceramente, que hay un cambio en Cuba, y que aquellas gentes hacen esfuerzos honestos por salir del aislamiento. Creo, también, que los cubanos del exterior, los que no han perdido la sensibilidad nacional, deben hacer un esfuerzo por entender. Ya no se trata de si uno simpatiza o no con Castro y con la revolución. Este tipo de consideraciones debe dejarle paso al interés nacional. Uno tiene que salvar su responsabilidad. Si Cuba se convierte, por la presión de Washington y de sus cómplices cubanos, en una especie de Somalia del Caribe, o en algo así como un Líbano *pluripartidista*, que hacia eso podría llevarnos esta farsa, es bueno sentir que uno no ha participado en el crimen.

Que hay un crimen, es obvio. Que hay allí un pueblo que agoniza a la intemperie, también es irrefutable. Yo he visto la miseria y el horror de un país sitiado. Bastan siete días para ver. Es ocioso ponerse a averiguar, ahora, quién tiene la culpa, si Castro o Washington. Que eso lo decida la historia. Que eso lo decida cada uno en la intimidad de su conciencia. Yo, por mi parte, tengo pocas dudas. Al margen de los graves errores que han cometido los dirigentes cubanos, lo cierto es que Washington cometió una imperdonable equivocación cuando hace 35 años inauguró una política de exterminio para recuperar el control de una Isla que ya no le pertenece. Creo que, al decir esto, interpreto el sentimiento de protesta que existe en el sector más progresista de la opinión pública norteamericana.

Revista *Contrapunto*, 1994

EL JUEGO DE LAS MÁSCARAS

Podría decirse que entre la gran masa de cubanos que vive en el extranjero, y que se hacen llamar exiliados, algunos con razón y otros sin ella, hay cuatro posiciones muy definidas, o séase, cuatro maneras de enfocar el problema de Cuba. En cada una de las posiciones hay diversas variantes, pero en lo fundamental coinciden.

Hay el sector de la vieja generación congelada que aspira a darle marcha atrás a todo lo que se ha hecho en Cuba en estos últimos 35 años, lo bueno y lo malo. Estas gentes quieren la liquidación del proceso revolucionario y ven con buenos ojos que la Isla retorne a la esfera de influencia de Estados Unidos. Sueñan con un golpe de Estado, con el asesinato de Castro, con el castigo de todos los culpables, con juicios sumarios a los criminales de guerra, etc., etcétera. Nada de diálogos ni negociaciones. Rechazan la posibilidad de que la revolución se reforme desde adentro y el país avance, lentamente, hacia una democratización sin traumas.

En este sector, además de los viejos de la primera jornada que quedan vivos, aparecen todos aquellos que estuvieron complicados en los primeros años de la revolución, que fueron los más sangrientos. Hay que situar en este grupo al millonario Hubert Matos, que solamente podría regresar a Cuba si se produce un vuelco total, y si los *marines* le dan una fuerte escolta.

Hay que situar a Agustín Tamargo, que fue uno de los más ardorosos defensores de Castro y que lleva años incitando a que otros lo maten y hablando de una guerra que no está dispuesto a hacer. Y a Carlos Franqui, y a Guillermo Cabrera Infante, y a todos los individuos que desertaron de la revolución y se han convertido en feroces conversos. El pesado fardo del pasado los obliga a tomar una posición radical. Quieren sangre. Quieren disfrutar del dulce placer de la venganza. Muchos de ellos saben que no tienen regreso a nada. Muchos son demasiado viejos. Otros se han hecho ricos con la industria del anti-castrismo. Los hay que son muy brutos y no les queda más remedio que pedir soluciones simples.

Este primer sector, que cada vez se va reduciendo más, porque el drama ya lleva 35 años, y no hay señales de que se vaya a terminar, cree, y lo dice, que mientras quede un cubano vivo en la Isla hay que seguir luchando desde el extranjero y disfrutando de las comodidades de lo que llaman exilio. Están esperando que sean otros, los de allá, los que se sacrifiquen.

Hay un segundo sector que ha prosperado en el extranjero utilizando el pretexto de luchar contra el castrismo. Son, sobre todo, los locutores de radio, casi todos analfabetos integrales, absolutamente ignorantes de la Historia de Cuba, gentes sin una ideología clara, individuos que han comercializado el anti-castrismo. Hacen maratones todos los días. Incitan a las pobres gentes a huir en balsa. Recaudan dineros para todo lo que se les ocurre. Estafan a sus pobres oyentes haciéndoles creer que todo está a punto de cambiar. Llevan, nada menos que 35 años con la misma historia.

Pero se han enriquecido. Algunos son millonarios. Manejan hábilmente el negocio de la "unidad de los cubanos". Organizan marchas. Incitan a los motines callejeros. Los provocan. Casi todos ellos se creen presidenciables. Aspiran de verdad. El micrófono les da una cierta popularidad. Confunden la hinchazón con la gordura. El radio tiene esa cosa terrible. Un ignorante cualquiera se pone a hablar por radio y hay muchas pobres gentes que llaman o escriben alabándolo en términos desmesurados. El energúmeno llega a creer, de verdad, que es el heredero legítimo de José Martí. Utilizan la radio para promocionar su nombre. Hay algunos tan descocados que en sus programas repiten su nombre hasta el cansancio.

Por supuesto, estos dos primeros sectores se pueden mezclar. Un tipo puede encajar en el primero y también en el segundo. Mas Canosa, por ejemplo, juega en los dos grupos. Es el hombre que mejor ha capitalizado el suculento negocio del anti-castrismo.

Hay un tercer grupo o sector que discrepa de los dos primeros, aparentemente. Quieren una negociación con Castro. Pero una "negociación en serio". Es decir, con ellos. Quieren ir a Cuba representando una cosa abstracta que se llama exilio para convencer a Castro de que tiene que hacer reformas políticas incluyéndolos a ellos. Quieren una transición en la cual puedan insertarse. El ejemplo más típico de este sector es Carlos Alberto Montaner. Está loco buscando la manera de conseguir que Castro le dé entrada y lo nombre mediador. Su socio Plinio Apuleyo Mendoza, trabaja activamente en Colombia para conseguirle una entrevista privada a Montaner. Pero Castro es demasiado listo para dejarse atrapar por el individuo. Hasta ahora, al menos, no le ha dado vela en el entierro. Todos los tipos de esa cosa mínima que llaman la *plataforma* andan en el mismo juego de Montaner. Las ambiciones de Montaner son tan grandes que, poco a poco, se ha ido quemando en su propia salsa. Ahora mismo, hace pocos días escribió el *Herald* en español, que es el órgano casi oficial de su política, una andanada contra la reunión que se está proyectando en Cuba para fines de abril. Montaner quiere un diálogo en serio, directamente con Castro, un mano a mano para convencerlo de que solamente él, Montaner, con sus grandes conexiones en el extranjero, puede resolver todos los problemas de Cuba. Yo no dudo de que algún día Montaner agarre a Castro cansado y logre la entrevista. El hombre tiene cara de poder llegar a ser ministro en una transición. La audacia es la virtud de los pícaros. Y Montaner es audaz.

Queda un cuarto grupo. Son los que observan el problema de Cuba en una forma absolutamente gratuita. Son gentes que conocen la Historia de Cuba. Son los que no aspiran tener nada. Se oponen a la guerra que le ha declarado Estados Unidos a Cuba y que lleva ya 35 años. No comulgan con ninguna de las tesis que expresan los tres grupos anteriores. No hay aspirantes presidenciales en este grupo. No pertenecen a ninguna de las 456 organizaciones anti-castristas que se dedican a recaudar furiosamente. No piden, de inmediato, reformas políticas en Cuba, porque son imposibles. Han sido víctimas, casi todos de la revolución. Creen en un largo proceso de reformas para ir transformando la revolución en algo distinto. Creen que es posible llegar a un cierto entendimiento con Estados Unidos arrancando de una situación de mutuo respeto. Están convencidos de que la generación revolucionaria de los primeros tiempos ha ido cediendo el terreno a una nueva generación más capacitada y práctica. Se oponen al embargo porque éste es criminal. Entienden que el valladar contra las pretensiones de Washington de recuperar el control de la Isla es, precisamente, Castro y que hay que utilizarlo para llevar adelante las reformas. Conocen muy bien las maquinaciones de los grupos uno, dos y tres y han llegado a sentir un profundo desprecio por los elementos que se desenvuelven en esos grupos. Saben que hay que ir, poco a poco, abriendo las puertas de Cuba y son decididos partidiarios de que el gobierno de Estados Unidos llegue a suspender todos los subsidios que paga a los pillos que viven del negocio en Cuba. Por otra parte, anhelan que los organismos federales ayuden a adecentar la radio de Miami, eliminando el clima de agitación y terrorismo. Los que están en este grupo hacen las cosas *gratuitamente*. No tienen nada que ganar enfrentándose a la mafia de Miami.

Cada uno de estos cuatro grupos puede dividirse y subdividirse. Hay infinidad de variantes. Si me preguntaran en qué grupo yo me meto, me atrevería a decir que en el último. Con ciertas reservas, porque detesto los grupos y es difícil encasillarme.

Diario La Prensa,1994

INVITACIÓN A LA HUMILDAD

Todas las semanas, o casi todas, me llega una amable invitación por correo para asistir a la presentación de un nuevo libro. Muchas veces, estas fiestas del espíritu, como las llaman se celebran en la Librería Universal. Y otras se perpetran en los salones de la Universidad Internacional de la Florida (FIU), a la que los malvados llaman el *Faro de la Incultura* en el sur de la Florida, lo cual es absolutamente injusto, porque no es cierto que allí exista ningún faro. Es una metáfora desafortunada.

Siempre, en cada uno de los actos de presentación, se anuncia, un poco en forma amenazadora, que varios Fulanos importantes van a hablar. Casi siempre son los mismos. En otros tiempos estos Fulanos solían hablar en las despedidas de los entierros. Estaban siempre cazando a ver quien se moría para ver si podían encaramarse sobre su tumba a pronunciar la oración fúnebre. Ahora, porque los tiempos cambian, se han dedicado a presentar libros. Esa vocación para el discurso se trasmite entre los cubanos de generación en generación. Otros pueblos también cultivan el género, pero los cubanos vamos a la cabeza.

De vez en cuando agarran a un extranjero que está de paso y lo meten en la presentación para darle brillo al libro. Hace poco, según me cuentan en la presentación del libro *El caimán ante el espejo,* de Uva de Aragón Clavijo, se vio como Carlos Alberto Montaner arrastraba al pobre Mario Vargas Llosa hacia la tribuna para que dijera palabras elogiosas sobre la obra de Uva. Yo no sé lo que dijo, pero debe haber sido algo muy sustancioso.

Lo cierto es que yo no he ido nunca a estos actos. Tampoco iré nunca. La razón es obvia. Me dan vergüenza. A juzgar por lo que me cuentan, todas estas presentaciones son rigurosamente ridículas.

Yo tengo una tesis muy exigente y hasta un poco arbitraria. Creo que mis paisanos, los cubanos, no deberían reunirse nunca en grupos de más de tres, y ya es mucho. Soy un decidido partidario de la dispersión de los cubanos. Sé por experiencia, que cada vez que se reúnen para algo pasan cosas desagradables. Las 413 organizaciones anti-castristas que hay en Miami avalan mi tesis. Si los cubanos se quedaran en sus casas leyendo, o cortando la hierba, o haciendo paellas, todos seríamos más felices.

Todos aquellos que convocan para una reunión, la presentación de un libro, un velorio, una pachanga en la calle ocho, un entrenamiento en los Everglades para invadir a Cuba, un acto de unidad patriótica, son enemigos soterrados de la nacionalidad cubana. La nación solamente la podremos consumar en la soledad y en el silencio creador.

Cada vez que alguien escribe un libro, o un folleto, el autor sale a la calle y empieza a cacarear como hacen las gallinas cuando ponen un huevo. Esta comparación entre el libro y el huevo es absolutamente reveladora.

Yo no quiero ofender a nadie. Comprendo que todo el mundo quiere publicar un libro y meter el discurso que lleva agazapado entre pecho y espalda. A lo mejor los libros son hasta buenos. Yo no quiero adelantar juicios de valor sobre el contenido. Todo es posible. Lo que yo critico, con la mejor intención, es que armen tanto revuelo y tiren tantos voladores cada vez que publican un libro.

Lo que no entienden es que la creación literaria o artística siempre es fundamentalmente silenciosa y humilde. No se puede forzar la gloria. Cervantes, cuando parió *El Quijote*, ni siquiera sabía que el libro iba a ser leído e iba a tener tanta trascendencia. Mozart nunca supo que era Mozart. Tampoco Shakespeare. Los grandes creadores trabajan en silencio. El libro de un Fulano o una Fulana no va a ser importante por el hecho de que vayan unos tipos al acto de presentación a elogiar el libro o por la cantidad de pastelitos y bebidas que se le regalen a los asistentes al acto.

Es terrible lo que están haciendo los cubanos en Miami en el campo editorial Cualquiera escribe un libro, paga la publicación, y empieza a tirar la casa por la ventana cuando la obra sale de la imprenta. Siempre hay gentes que se prestan a escribir prólogos y solapas. Y después comienza el acoso para que se escriban artículos sobre el libro. A veces no basta con que se escenifique una presentación de lujo, sino que es necesario hacer varias y hasta organizar homenajes. Todas, o casi todas, las mujeres que escriben y publican sus libros en Miami, ya séase de poesía o prosa, tienen siempre a Gertrudis Gómez de Avellaneda en la mente. Han tomado muy en serio aquella escena maravillosa de cuando le pusieron a Doña Gertrudis una corona de laurel en un teatro habanero. Fue la consagración. Yo no dudo que en los próximos meses o años las mujeres imiten otra vez las coronaciones de laurel. Todo es posible. Por lo pronto, las presentaciones fastuosas de libros han venido a sustituir, en cierto modo, a las tremendas fiestas "de los quince" que solían dar hace tiempo y en cuales los padres se gastaban hasta 50 000 dólares disfrazando a las pobres muchachitas y encaramándolas en las más extravagantes carrozas.

Gloria Leal, que hace críticas de libros en el *Miami Herald* en español y que es de lo poco y bueno que le queda al infortunado periódico, ha criticado delicadamente (porque no se puede hacer más en Miami) las extravagancias de las presentaciones de libros con su cortejo de entrevistas en la radio, pastelitos, voladores, homenajes, etc., etcétera. Hay que felicitarla.

Lo digo muy en serio. Los que editan libros debieran ser un poco más selectivos. Hay que pensar un poco en el daño que se le hace a la cultura (para llamarla de algún modo) de una comunidad cuando todo el que le da la gana, simplemente porque lo paga, puede publicar un libro y armar un escándalo público. Cuando un joven se adentra en el mundo de la literatura o la poesía lo más difícil que hay es saber diferenciar entre lo que sirve y lo que no sirve. Hay una cierta tendencia a creer que todo lo que se publica, por el hecho de que está en letra de molde, debe ser bueno y merece ser leído. La publicidad es engañosa. Es venenosa. Se difunde la incultura y la ignorancia cuando se le da prestigio y realce a un libro que no debió ser publicado nunca.

Claro está que yo soy muy exigente y que no es absolutamene necesario hacerme caso. Pero yo creo que se debiera establecer una moratoria editorial. Vamos, por ejemplo, a estar cinco años sin publicar nada. O vamos a crear una comisión de hombres severos que sometan los libros a una rigurosa censura. Francamente, yo soy partidario de la censura. Del mismo modo que soy partidario del aborto. Si hubiera muchos abortos, no se publicarían tantos libros malos.

Diario *La Prensa*, 1994

MIAMI EN LA DIMENSIÓN
DEL DISPARATE

La ciudad de Miami ha sido una de las más infortunadas de todo Estados Unidos. A principios de la década de los años 50, era una pequeña ciudad, limpia y agradable, con un aeropuerto también pequeño y sin ninguno de los *expressways* que hoy la cruzan de norte a sur y de este a oeste. No existían en Miami, en aquellos tiempos, las fuertes tensiones raciales que hoy han convertido la zona (Miami y los otros municipios) en un verdadero infierno. Dos periódicos circulaban discretamente en el área. Uno, el *Miami Herald*, que todavía conservaba cierta objetividad en sus informaciones y editoriales. El otro era el *Miami News*, un diario de la tarde mucho más ligero y veraz que el *Herald.* Fue en 1953, que apareció una hoja volandera en español que se vendía en un solo estanquillo de Miami y que era enviada, diariamente, a Washington. Tenía un nombre extraño que no sonaba bien. Se llamaba *Diario Las Américas.* Es probable que el propósito original de los fundadores de la pequeña empresa haya sido utilizar la publicación para diseminar información en los centros oficiales de Washington en defensa de intereses políticos de los gobiernos latinoamericanos que existían en aquellos años.

La población hispana de Miami y sus alrededores era muy reducida en la década de los años 50. Empezó a crecer, moderadamente, cuando se produjo el golpe de Estado de Batista, en 1952. Los exiliados antibatistianos de aquella época no influyeron mucho en la fisonomía de la ciudad. Nunca tuvieron acceso a los diarios ni a la radio. Tampoco abundaban los empleos.

Fue en 1959, que comenzó el despelote en Miami, cuando empezaron a llegar los nuevos exiliados que huían de la represión que se iniciaba en Cuba. Entre 1959 y 1995, en 36 años, se ha consumado la destrucción de la ciudad y todos los municipios de la zona. Y digo *destrucción*, deliberadamente, porque actualmente no existe un solo espacio, en el condado de Dade, con sus 27 municipios, que se haya salvado de la presión de los inmigrantes, legales e ilegales, que han impuesto sus sistemas de vida y sus hábitos de corrupción.

Decir que una zona se llena de inmigrantes de muy diversa procedencia se beneficia y se vuelve cosmopolita es una tontería. En rigor, ese *cosmopolitismo* es negativo. No se trata de que los inmigrantes hayan elevado a Miami a la categoría de ciudad universal donde confluyen todas las culturas, etcétera. Eso es una idiotez. Lo que se ha hecho es todo lo contrario, tanto en la lengua como en las costumbres y en las ideas que circulan. Se ha *aldeanizado* la zona. Miami no es Buenos Aires. Es Tegucigalpa, es Managua, es Puerto Padre, es Santiago de Cuba, es Puerto Príncipe, es Santo Domingo, es Cabaiguán, es Bauta, etcétera. No se la puede comparar con Nueva York. A pesar del infierno que es Nueva York, todavía quedan rezagos de civilización en la ciudad. En Miami, la incivilidad es la norma. Lo que predomina son las costumbres del Tercer Mundo o, mejor dicho, del Cuarto.

Es posible que dentro de cien años, o doscientos, quien sabe, la lenta fusión de todos los elementos que han venido a confluir en Miami, todas estas nacionalidades que hablan los dialectos indios, y que hablan algo parecido al español o al portugués, o al creole, etc., lleguen a formar un tipo humano distinto, con una lengua distinta, medio inglés, medio español, medio creole, medio ñáñigo, etcétera. Es posible, repito, que Miami llegue a ser una gran metrópolis, diferente del resto de Estados Unidos. Yo no lo creo, ni lo veré, pero es posible. Cuando uno entra en cualquiera de las oficinas de los gobiernos locales, que parecen zoológicos, o cuando pasa por los alrededores de un High School, o cuando entra en cualquiera de los infernales hospitales de la zona, uno siente que el pesimismo le crece adentro. Perded toda esperanza, podría decirse, como a la entrada del "Infierno" del Dante. El infierno es la gente, dijo Jean Paul Sartre.

Miami ha sido el cuartel general de las peores infamias que se han cometido en el Caribe y en el resto de la América Latina. Desde Miami los ricos salvadoreños manejaban los Escuadrones de la Muerte que asesinaron a miles de personas en el Salvador. Desde Miami manejaba el coronel Oliver North el negocio de los "contras" de Nicaragua. Miami fue, hasta hace algún tiempo, el centro principal de operaciones de los cuarteles de la droga de Colombia. El lavado de dinero ha sido el negocio principal de un considerable número de personajes de Miami que hoy figuran en el gobierno, la banca, los negocios, etcétera. Hubo una época, hace años, en que la entonces senadora Paula Hawkins, organizaba eventos en el Hotel Omni, con la asistencia del presidente Reagan, para recaudar fondos para sus campañas electorales y lograba reunir hasta 800 000 dólares en una noche. Lo interesante es que uno veía en los alrededores del hotel a unos misteriosos sujetos que fotografiaban a los asistentes y a sus automóviles. Probablemente, era el FBI o la DEA tratando de nutrir sus archivos con los personajes del área.

Las ideas políticas que se exigen en Miami para poder sobrevivir a las presiones del medio provocarían un escándalo en cualquiera otra región del mundo civilizado. Todas las estaciones de radio comparten los mismos criterios políticos. Tal vez sean *Radio Mambí* y el *Herald* en español los más sorprendentes. Cuando se observa que casi todos los columnistas cubanos del *Herald* se encaraman en una flotilla para ir a las aguas cubanas y soltar miles de botellitas con un documento sobre los derechos humanos y para hacerle señitas con unos espejitos a las gentes que, supuestamente, están esperando en la costa (?), cuando uno ve con qué entusiasmo se meten en los barquitos y describen después sus heroicas experiencias patrióticas, uno se siente triste.

Los cubanos éramos más inteligentes en otros tiempos. Y, sobre todo, los periodistas teníamos una visión un poco más escéptica sobre las peripecias políticas. Es sorpredente cómo en Miami, de vez en cuando, se aparece un tipo cubano y empieza a hablar de patriotismo y de liberar a Cuba, y cosas así, y enseguida aparecen numerosos papanatas que lo siguen hasta que se convencen de que han sido engañados. Hay centenares de casos en estos 36 años. La galería de pícaros es enorme.

Hace pocos días oí en una mesa redonda de *Radio Mambí* a Pérez Roura y Agustín Tamargo, elogiando, en forma desmesurada, al general Pinochet y advirtiéndole a los chilenos que se cuidaran, porque "el general está perdiendo la paciencia". Una cosa así no se puede hacer en ninguna parte, ni siquiera en Chile. Solamente en Miami es posible alabar a Pinochet. En Miami se vive en una dimensión distinta. La del disparate.

Diario *La Prensa*, 1995

EL SUEÑO CONVERTIDO EN PESADILLA

Cuando se habla de reunificacion familiar todo el mundo se calla la boca. No hay nada que decir. Es un concepto sagrado. ¿Quién se va a oponer a la reunificación? Los americanos, por ejemplo, siempre dispuestos a sentirse caritativos, se ablandan cuando se les menciona esa cosa tan hermosa de empatar a los parientes unos con otros. Es problable que estén hasta pensando en una ilustración de Norman Rockwell en la cual aparezcan el padre, la madre, los hijos, los sobrinos, los nietos, etc., reunificándose para entonar las alabanzas al Altísimo.

¿Pero qué es, en el fondo, esto de la reunificación?

¿Qué contenido político hay en el meollo de la palabra? Los cubanos llevan 36 años, casi, entregados frenéticamente a la tarea de reunificarse en Estados Unidos. No lo hacen en otra parte. No lo hacen en Madrid. Ni en México. Ni en Caracas. Tienen que empatarse en

Miami. Es como un viaje al paraíso. La cita tiene que ser en Miami.

Los que hayan presenciado alguna vez el espectáculo emocionante de los cubanos en el aereopuerto abrazándose, y golpeándose las espaldas, y dando gritos de júbilo, y llorando, y las mujeres cayendo en trance, tienen que pensar, necesariamente, que en esos reencuentros se produce algo así como un milagro.

Las tres veces que he estado en Cuba, durante este año, me he quedado asombrado al observar que, por cada cubano que se embarca en el aeropuerto de Rancho Boyeros (no sé cómo diablos se llama ahora) acuden 25 a despedirlo y a darle manotazos, besos, empujones, gritos, etc., etcétera. No hay manera de moverse en el estrecho salón del aeropuerto. Las despedidas son desgarradoras. Se despide a los que se van, aunque sea por unos días, como si se tratara de rupturas eternas. Se despide con profundo dolor a los que han ido a la Isla de visita. Y también se recibe con el mismo escándalo a los que llegan. Es como si los parientes, cuando chocan entre sí, para encontrarse o desencontrarse, produjeran chispas. Una vieja cubana, en el aeropuerto de Miami, recibiendo a un sobrino que llega, entre gritos y puñetazos en la espalda, podría, tal vez, producir algo de energía eléctrica.

Pero estas escenas pavorosas se producen en Cuba, en Miami, en todas partes donde se aglomeren parientes cubanos. Todos los presentes lloran a lágrima viva. La verdad es que los americanos se impresionan mucho con estos espectáculos. ¿Y cómo no?

Por supuesto, este fenómeno no es exclusivo de los cubanos. Lo mismo ocurre en Costa Rica, en Santo Domingo, en San Juan, Puerto Rico, en Barbados, en Jamaica, en Port au Prince. El 90 por ciento de las gentes que invanden los aeropuertos son parientes que van a despedir al otro pariente. Aunque se vaya por una semana.

Recuerdo que en Caracas, hace años, cuando construyeron un nuevo aeropuerto internacional, las gentes iban los domingos al aeropuerto a pasear y a despedir a los que se iban. En pocas semanas convirtieron el aeropuerto en un chiquero.

Volviendo al tema de reunificación familiar, hay que recordar cómo comenzó la cosa. Primero se fueron unos cubanos que habían sido policías y soldados en el gobierno de Batista. Otros que habían sido funcionarios también echaron a correr para Miami. Al poco tiempo ya se había formado un núcleo de cubanos en Miami. Y entonces comenzaron a salir los parientes para *reunificarse*. Y vinieron otras oleadas, por diversas razones, y llegaron los desertores, y se inventaron los vuelos de la libertad, y los viajes de Camarioca, y los del Mariel, y los balseros. Todas estas corrientes migratorias se justifican con el concepto de la *reunificación familiar*.

Y el concepto es infinito. Cada cubano que llega, para reunificarse con el que ya está, deja detrás cuatro o cinco que, oportunamente, irán a empatarse. Y, a su vez, dejarán atrás a otros esperando el turno. Y así, sucesivamente. Y hasta el infinito. No hay límites para el proceso de *reunificación*.

Ahora bien, no hay que engañarse. Hay algo de farsa en todo esto. De cada diez cubanos que corren para Miami, para reunificarse con los parientes, cinco, por lo menos, terminan involucrados en una pelea a muerte con el protector. Hay algo irremediable en esto. El choque de dos estilos de vida produce la ruptura. La aparente prosperidad de los que viven en Miami deslumbra a los que llegan e inmediatamente se sienten autorizados para exigir que se les otorguen los mismos beneficios. No siempre es posible que la tía que trabaja en una factoría y tiene automóvil, que estará pagando durante cuatro años, pueda complacer al sobrino que exige otro igual.

"Ellos creen que aquí el dinero crece en los árboles", dicen los que ya están asentados, después de incontables penurias. Los que llegan no siempre se resignan a emprender el largo calvario que conduce a una relativa comodidad. Por lo general, el que llega sobreestima la capacidad económica del pariente que lo recibe, y se siente traicionado cuando no puede compartir la inexistente prosperidad.

Se podrían escribir miles de páginas relatando los fracasos que han tenido los padres con los hijos, los hermanos con los hermanos, los primos con los primos, los tíos con los sobrinos, las madres con los hijos. Lo paradójico es que los parientes se quieren mucho cuando están separados y frecuentemente se pelean cuando entran en el proceso de la *reunificación*.

Este drenaje continuo que se ha estado produciendo en Cuba ha sido funesto para la nacionalidad cubana. Olvidémonos de la revolución y del castrismo. Aunque en Cuba existiera un sistema de gobierno tradicional, si Estados Unidos se empeñara en sacar a un millón de cubanos de la Isla, con la promesa de que van a disfrutar de una vida próspera en Miami, la situación sería igualmente funesta para la nacionalidad. De modo que el sistema es casi un pretexto. Influye, pero no es decisivo. Las gentes se han ido de Cuba porque Estados Unidos, a partir de 1959, abrió un banderín de enganche para fomentar allí un país de repuesto.

Claro está que no fue una decisión formal. Es decir, no se creó, en forma deliberada, este núcleo. En 1959, cuando Estados Unidos empezó a organizar el llamado

Frente Revolucionario Democrático se encontraron con el fenómeno de que habían logrado comprar a unos cuantos *prestigiosos* líderes políticos, algunos procedentes de las filas del gobierno revolucionario, pero entonces no tenían una clientela suficiente para justificar, el movimiento de liberación. Fue necesario sacar, urgentemente, de Cuba varios miles de cubanos para darle consistencia al movimiento. Allí comezó el drenaje. No fue posible parar el éxodo. La perspectiva de recibir un sueldo mensual, un ranchito, asistencia médica, etc., era demasiado tentadora para miles de gentes.

Pero el bote se les llenó de agua a los americanos. En cierto momento, inventaron la *relocalización*. Es decir, se les daba una cantidad de dinero y se les expedía, con toda la familia, para los estados del norte. Los cubanos iban encantados. Era la oportunidad para que los niños jugaran en la nieve. A los pocos meses regresaban a Miami.

De modo que, analizando la cosa con una objetividad cruel, hay que admitir que ésto que llaman *exilio cubano* tiene unos orígenes muy turbios. Ésto, por supuesto, no justifica los fracasos de la revolución ni los errores del gobierno cubano. Es un hecho que hay que anotar para la historia. No se puede negar, tampoco, que el ejercicio de drenaje y de soborno que ha estado llevando a cabo Estados Unidos durante 35 años, unido al bloqueo, ha sido un factor importante que ha influido en el fracaso de la revolución. En cierto modo, explica ese fracaso. Es absolutamente imposible conducir a un pueblo hacia metas superiores, mediante el sacrificio y el trabajo, si ese pueblo, en grandes zonas, solamente piensa en ver cómo huir a Miami para empatarse con los parientes y agarrar un sueldo. "Lo único que se puede hacer en Cuba es escapar", dijo, hace poco uno de esos tipos que han hecho carrera con el negocio de los derechos humanos.

Se me dirá que un millón-*plus* ha huido y que diez millones se han quedado. Correcto. Pero hay que demostrarlo. Hay una incógnita ahí. Yo insisto en una tesis que produce una gran indignación entre los teorizantes del anti-castrismo que sueñan con el retorno al protectorado.

Han habido dos momentos estelares en la triste historia de Cuba. El uno lo protagonizó José Martí en 1895, cuando organizó una guerra para llevar a un pueblo, *que no conocía*, a un destino histórico que le venía muy ancho. El resultado fue la grotesca república de 1902. El segundo momento, para mí, lo representa Fidel Castro, cuando organiza la revolución de 1959 y convoca al pueblo para llevarlo a un destino histórico tal vez desmesurado. Ésto no tiene nada que ver con el comunismo sino, con la nacionalidad cubana, al margen de la etiqueta que tenga el sistema. No es posible, a estas alturas, extenderle el certificado de defunción al proyecto de Castro. Dura y perdura, que es un gran mérito histórico. Ya hasta hay indicios vagos de que podría superar todas las dificultades internas y externas para quedar consolidado. Ojalá.

Ahora hemos llegado a un punto tal que los americanos ya no pueden más con la presión de los cubanos. El infierno cubano de Miami provoca indignación en la Florida y el resto del país. La imagen de Miami es la de un vasto vertedero humano, sucio y ruidoso, lleno de refugiados. Miami se va arruinando vertiginosamente. Los gobiernos locales se corrompen por la presión de los cubanos. La mafia cubana se enriquece atropellando a la masa rural cubana que forma el sector más amplio de la zona. Ya los cubanos no son bienvenidos en el sur de la Florida. No se les quiere. Hay una reacción brutal de los americanos en contra de la inmigración hispana.

Los sectores más reaccionarios de Estados Unidos están planificando, muy en serio, una feroz batida contra los inmigrantes legales e ilegales. Los beneficios que han estado recibiendo los cubanos durante años están en peligro. Probablemente van a desaparecer. No más pensiones para los viejos. No más asistencia médica gratuita. No más recepciones entusiastas para los desertores. Es probable que en los próximos meses el gobierno cubano, a la manera como lo hacen los otros gobiernos de la América y del mundo entero. llegue a aceptar que Estados Unidos devuelva a la Isla a todos los inmigrantes ilegales. Al famoso general del Pino lo han botado sin contemplaciones de Radio Martí. Es una señal.

Es decir, el sueño de Miami se está convirtiendo en una pesadilla. Las puertas del paraíso han sido cerradas. el ejemplo de los brutales campos de concentración de Guantánamo y Panamá da la medida de lo que viene. Del mismo modo que algunos de los cubanos de Guantánamo se juegan la vida para retornar a Cuba, es posible que en los próximos meses muchos de los cubanos que viven del gobierno americano en Miami pidan el regreso a la Isla.

El largo período del exódo cubano está llegando a fin. No hay que hacerse ilusiones. El cubano de la Isla tiene que empezar a cambiar el orden de sus prioridades. Es muy difícil encontrar trabajo en Miami. Va a ser imposible obtener ayuda del gobierno, como antes. Lo único que les espera a los cubanos en Miami es el castigo de los locutores de radio, que les exigen que contribuyan con sus pocos dineros para organizar unas guerras que nunca llevan a cabo. El escándalo de los anti-castristas enriquecidos exhibiendo sus millones es una afrenta para los que llegan a la ciudad a pasar inenarrables trabajos.

A la larga ésto será bueno para los intereses permanentes de la nacionalidad cubana. La desaparición de Miami como centro de atracción que estimula la fuga es algo positivo. El cubano, en los tiempos por venir, va a tener que refugiarse en los límites de la Isla para tratar de construirse una vida mejor.

Tengo que aportar un dato importante que brota de mi experiencia personal. En los años de mi adolescencia y primera juventud, entre 1930 y principios de la década de los años 40, la crisis que se vivió en Cuba *fue mucho peor que la que se vive actualmente*. Durante una gran parte del período no teníamos centros de estudio. Estaban cerrados. La clase media cubana vivía de harina de maíz. Si acaso. Empatarse con un par de zapatos era una odisea. No había trabajo para nadie. Uno salía a la calle y las balas de los fusiles *sprinfield* nos silbaban en los oídos. Las dictaduras de Machado, primero, y de Batista, después, eran feroces. Yo tengo experiencias familiares desgarradoras, provocadas por una miseria sólida y consistente. No hay una sola calamidad que me pueda contar un cubano de ahora que yo no haya vivido, intensamente, en aquellos años trágicos. Fue una época de absoluta desesperanza.

Y he aquí lo curioso. Los jóvenes de aquella época jamás tuvimos la tentación de huir hacia Miami, ni en balsa, ni en bote, ni por avión. La idea de la fuga jamás nos pasó por la mente. Estados Unidos no tenía interés en atraer a los cubanos. Nos quedamos encerrados en la Isla dispuestos a luchar para transformar la realidad. El conato de revolución de 1933 fue uno de los productos de aquel esfuerzo de todos. El restablecimiento de una cierta paz y prosperidad, a partir de la década de los años

40, fue también el resultado de aquella solidaridad. La única brecha que se abrió en aquellos tiempos fue la Guerra Civil Española. Quizás un centenar de cubanos fueron a pelear a España. Nada más.

Revista *Contrapunto*, 1995

LAS DOS IMÁGENES DE FIDEL CASTRO

Cada vez que Fidel Castro llega a un país y es recibido con aplausos y elogios, y hay manifestaciones por las calles de apoyo a Cuba, en Miami se oyen unos gemidos desgarradores. El aire se puebla de gritos de desesperación. "¡No puede ser! –gritan los locutores. Castro es un asesino. Es un criminal. Es un ladrón. Es un cobarde. Es un monstruo. Es un aborto de la naturaleza. Es un ser repugnante. ¿Cómo es posible que no se den cuenta? ¡Es que existe una monstruosa conspiración contra nosotros los cubanos!"– suelen decir.

Y sin embargo, la cosa sigue. En Copenhague una asamblea de Jefes de Estado se pone de pie para aplaudirlo. En París, el presidente Mitterand le tiende una alfombra roja para rendirle homenaje. En Argentina su presencia provoca manifestaciones callejeras. En México, en Colombia, en Ecuador, en Trinidad, los gobiernos y los pueblos le salen al paso para vitorearlo. "¿Cómo se atreven a hacer esto si nosotros llevamos 36 años diciendo que Fidel es un criminal y que hay que condenarlo al ostracismo?" –gritan.

Es decir, hay una contradicción. Después de la desaparición del mundo soviético, todos los dirigentes comunistas, en el mundo entero, con algunas pocas excepciones, han sido rechazados y hasta encarcelados. Algunos han sido fusilados. En el caso de Castro la situación es distinta.

Ninguno de los cubanólogos que se rompen la cabeza, en Miami y en Washington, para desentrañar los misterios del castrismo se han dado cuenta del extraño fenómeno de que la imagen de Castro ha crecido después del crepúsculo del marxismo.

En otras épocas, hace años, cuando Castro viajaba al extranjero y era bien recibido se buscaban explicaciones más o menos racionales. Se decía que eran los comunistas los que le organizaban las recepciones. La Unión Soviética, con todo su poder, estaba detrás de Castro. Puesto que era un títere de los soviéticos era natural que le organizaran recepciones. Ésto consolaba mucho a los cubanos de Miami. Era una explicación que hasta podía ser aceptada.

Pero he aquí que se cayó la Unión Soviética. Cuba se quedó a la intemperie. Los cubanos dieron por sentado que Fidel tenía los días contados. Hasta un periodista del *Herald* publicó un libro, alborozado, hablando de los días finales de Castro. En Estados Unidos se organizaron comisiones para reconstruir a Cuba después de la caída de Castro. Todo iba bien.

Pero han pasado los años. La crisis de Cuba se ha profundizado. Pero Castro no se cae. Al contrario, lo que está ocurriendo es que está viviendo, en estos momentos, su mejor época. Ya son muy pocos los países que no han restablecido relaciones con Cuba. El mundo entero le está exigiendo a Estados Unidos que suspenda el bloqueo contra Cuba. Miles de empresarios americanos y europeos vuelan a Cuba, constantemente tratando de investigar las oportunidades de hacer negocios en la Isla.

Es decir, y éste es el punto que yo quiero destacar, el hombre monstruoso que han diseñado los cubanos en Estados Unidos, siguiendo las pautas de la política americana que se diseñó a partir de 1959, se ha convertido en una imagen para consumo local en Miami. La enorme propaganda que se ha hecho desde Estados Unidos, durante 36 años, para demonizar a Castro no ha podido abrirse camino en el extranjero. Castro es una cosa en Miami y otra distinta fuera de Miami.

Yo no quiero convertirme en un propagandista de Fidel Castro. Estoy muy lejos de ser un defensor del gobierno cubano. A estas alturas, después de tantos años y tantos muertos es evidente que el juicio sobre Castro y sobre la Revolución cubana no lo podemos hacer nosotros, sus contemporáneos y mucho menos las víctimas del doloroso proceso. Además, las cosas, en las revoluciones, no son nunca blancas o negras. No caben los juicios definitivos. Hay muchos matices. La Revolución francesa, en su tiempo, fue el hecho más impopular de Europa. La literatura contra la revolución tuvo una difusión extaordinaria. La historia, sin embargo, no ha recogido los nombres de aquellos escritores que produjeron enormes tratados contra los Jacobinos, contra los Masones, contra la revolución y les ha reservado un puesto importante a los revolucionarios.

¿Cómo analizar esa contradicción que existe hoy, evidentemente, entre *los cubanos de Miami* y el mundo entero en relación con Fidel Castro? Cuando digo los *cubanos de Miami* no estoy localizando el fenómeno solamente en esa ciudad. Eso abarca un concepto más amplio. Los fundamentos ideológicos del anti-castrismo de Miami fueron establecidos desde 1959 por la propaganda americana (concretamente, la CIA) y el contenido era, estrictamente, el de la Guerra Fría. Es decir, la lucha contra el comunismo. En 1959 Fidel Castro se convirtió en el malo porque se sospechaba que iba a ser comunista. Se fabricó toda una literatura denunciando un complot internacional del comunismo en el cual Castro figuraba como un títere. Batista, por ejemplo, pagó una edición en español de *Estrella Roja sobre Cuba*, de un tal Nathaniel no sé qué, no me acuerdo del apellido. Era un libro en el que se relataba la historia de las conspiración comunista sobre Cuba. Todo habia sido cuidadosamente preparado, durante años, para apoderarse de Cuba. Había sido un plan perfecto, estudiado en sus más mínimos detalles. Castro era el agente. El ambiente del libro era el mismo que se respiraba en los tratados del Abate Barruel contra la Revolución francesa, a fines del siglo XVIII. El mito conspiracional, Aquel libro se convirtió en la *Biblia* de los cubanos de Miami. Han pasado muchos años, se han muerto casi todos los protagonistas, y todavía se citan como hechos verídicos las fantásticas historias del libro de Nathaniel.

Es decir, reduciendo las cosas a sus elementos más simples, lo que hay que señalar es que, a partir de 1959, Estados Unidos, en el marco de la Guerra Fría, sobornó a un grupo de cubanos disgustados con lo que estaba ocurriendo en la Isla y los habilitó intelectualmente para organizar la lucha contra el comunismo en Cuba. Aquéllo creció con los años hasta convertirse en una comunidad de un millón de cubanos, regados por varias ciudades de Estados Unidos, y que no ha podido evolucionar intelectualmente ni independizarse de los esquemas tan simples que les fueron entregados en 1959. Todo ha ido evolucionando. Nada en 1995 es igual a 1959. Los mismos americanos que manejaron el negocio del anti-castrismo en 1959 ya no existen. Pero los *cubanos de Miami*, como una fauna exótica, como una reliquia de la Guerra Fría, siguen dando gritos por radio y repitiendo las mismas consignas.

Es curioso que ya hasta la Revolución cubana ha evolucionado al punto de que las referencias al comunismo son una formalidad. Fidel Castro, en su reciente viaje por Uruguay, Argentina, Cartagena y Nueva York no hizo una sola mención del marxismo-leninismo. El tema es el de la soberanía de Cuba.

Las contradicciones son evidentes. Usted se detiene tres días en Miami, y oye lo que dicen los cubanos anti-castristas por la radio, y llega a la conclusión de que Fidel Castro es un monstruo. Es decir, existe una imagen congelada en la comunidad cubana, que se expresa en sus voceros, en forma cada vez más limitada, porque ha ido perdiendo fuerza con los años. Esa imagen es negativa. Sobre ella se han acumulado 36 años de propaganda. Pero usted se va a cualquier ciudad en la América Latina o en Europa, como ha ocurrido recientemente con los viajes de Castro, y descubre que son muy pocos los que comparten los prejuicios de los cubanos. Hay por consiguiente, dos Castros. Uno para andar por casa en Estados Unidos, con la aprobación del gobierno y de la propaganda oficial y la participación de los cubanos. Y otro para consumo del extranjero, que difiere del anterior.

¿Cómo explicar este fenómeno? ¿Cómo se explica que Castro, después de la caída del imperio soviético, haya renacido con una imagen más atractiva y sea recibido casi como un héroe en todos los países que visita? ¿Cómo explicar que Cuba empieza a salir del aislamiento cuando desaparece el mundo comunista?

Son preguntas. Respuestas, exactas, no las tiene nadie. Fidel Castro, recientemente, sugirió en Nueva York que han sido precisamente los americanos los que le han abierto el camino para que los pueblos lo reciban con entusiasmo. Lo cual es verdad, aunque no es toda la verdad. Es cierto que la política americana sobre Cuba ha sido torpe todo el tiempo, pero lo ha sido más en los últimos años porque ha estado presidida por intereses electorales del más bajo nivel.

Podría especularse que el caso de Cuba ha quedado al desnudo al desaparecer el imperio soviético y al quedar muy claro que Cuba no es una amenaza para la seguridad de Estados Unidos. Las cosas se ven ahora más claras. No se trata del comunismo, ni de la relación con los soviéticos. Se trata de un vecino débil, indefenso, que vivió siempre bajo la tutela impuesta del vecino poderoso del norte y que un día se sublevó y reclamó su independencia, buscando apoyos militares y económicos en donde pudiera encontrarlos. Sobre esa escueta realidad se creó toda una mitología. Al desaparecer el pretexto principal para mantener la guerra de exterminio contra Cuba, las cosas han quedado en su verdadero color. El mundo entero ve a Cuba, hoy, como una isla martirizada por Estados Unidos en forma cruel e innecesaria. El hombre que recorre hoy el mundo, en nombre de esa isla, es Fidel Castro, y a nadie le importa lo que ha pasado en Cuba durante la revolución. A nadie le interesa el repertorio de ideas falsas que se originan en Miami. Lo actual, lo real, lo inmediato, es el mito de David y Goliath. Castro, simplemente, podría haber entrado ya en la historia como el protagonista de uno de los dramas más sucios de la historia de Estados Unidos. Es decir, la destrucción del pueblo de Cuba para castigarle su rebeldía. El hombre que ha encabezado esa rebelión, durante 36 años, que podrían todavía convertirse en 40, o tal vez en 50, es Fidel Castro. Ese es el estandarte que lleva por el mundo. Es muy difícil que los pueblos no lo reciban con entusiasmo. Al presentarse en los foros internacionales está cumpliendo dos objetivos. Uno, la defensa del derecho que tiene el pueblo de Cuba a decidir su propio destino, sin las presiones y condiciones del vecino del norte. Y otro objetivo que va implícito: el ridículo que están haciendo los grupos cubanos de la extrema derecha proamericana, sobre todo en Miami, al defender todavía el *status* semicolonial de la Isla.

Revista *Contrapunto*, 1995

RETORNO A LA NACIÓN

Es posible que, en los momentos en que empiece a circular esta edición de *Contrapunto*, ya se estará celebrando en La Habana la Segunda Conferencia de la Nación y la Emigración. Conviene observar, antes que nada, que los organizadores del evento, con toda intención, no mencionan al gobierno sino que promueven el encuentro a un nivel más alto, es decir, entre la Nación y la Emigración. Los que asistieron al encuentro de abril de 1991 tampoco lo hicieron como exiliados. La distinción es muy importante, porque define la verdadera naturaleza de la reunión. El propósito, de un lado y del otro, es penetrar en las raíces, reconocer el desgarramiento que se ha producido en la nacionalidad durante estos 36 años, y avanzar, resueltamente, en la búsqueda de fórmulas de entendimiento.

Cuando digo *entendimiento* no me refiero a soluciones políticas. No estoy hablando de las reformas que, en un plazo más o menos largo, vendrán por sí solas. No voy a caer en la cursilería de ponerme a hablar de la etimología de entender. Basta señalar que entender algo es, precisamente, instalarlo en el espíritu. Es cosa del espíritu. Los cubanos estamos ahora más urgidos de buscar las cosas que nos pueden unir que aquellas que nos han separado en el pasado. Por eso es que, de todas las partes del mundo, regresan los cubanos a Cuba para un encuentro, para verse, para oírse. Y no acuden al llamado del gobierno sino al de la Nación. (No me gusta esto de poner la Nación con mayúscula, pero puede pasar, por ahora, para darle un poco de hondura a la idea).

Cada una de estas reuniones es un golpe durísimo contra los grupos que han querido crear otra nación (minúscula) al otro lado del Estrecho de la Florida como para distorsionar la realidad y hacer creer que la nación real está allá en un supuesto destierro. Y eso no es cierto. En el exterior lo que se ha creado, artificialmente, es una caricatura de patria, una nación portátil, alimentada por una intensa propaganda que ha durado 36 años y que ha costado muchos millones de dólares. La verdadera Nación está adentro y está viva, al margen del gobierno, al margen de los sistemas políticos, al margen del comunismo y del anticomunismo, existe una Nación cubana, existe un ideal nacionalista. Ese ideal ha tropezado siempre, durante el siglo XIX y durante todo el siglo XX, con la errónea política de Washington encaminada a impedir el desarrollo de ese espíritu. Una nación portátil, al otro lado del Estrecho, es la negación del nacionalismo cubano y no tiene razón de ser.

Por eso estas reuniones, tanto la primera como la segunda, son golpes muy duros contra los grupos que desde el extranjero predican el anexionismo, más o menos encubierto, y no cesan de exigir que se invada a Cuba para "liberarla". En la primera reunión hicieron todo lo posible por intimidar a los asistentes, desde las amenazas de bomba hasta las frenéticas campañas insultantes por los medios de comunicación de Miami. Los cubanos que asistieron a la primera reunión fueron crucificados públicamente por la chusma.

Uno de los argumentos que esgrimieron los más moderados fue que en la primera reunión *no se había acordado nada.* ¿Acordado qué? Mi sospecha es que estas reuniones no se producen para acordar nada. Lo importante es el acuerdo mínimo que va implícito en el acto mismo de reunirse. No se negocia nada. No hay nada que negociar. Lo que se pone en marcha en estas reuniones es el espíritu de solidaridad que debe preceder siempre a los acuerdos formales. Uno se solidariza no con el gobierno ni siquiera con la revolución. Uno se solidariza con la Nación, con el cuerpo vivo de la historia de esta nacionalidad. Uno, al asistir a estos encuentros, está negando la farsa que existe al otro lado, se está oponiendo al proyecto de restablecer en Cuba el protectorado americano, está rechazando la idea de que ellos puedan regresar a Cuba con el cuchillo en la boca para apoderarse de la riqueza cubana. Cada uno de los cubanos que se toma el trabajo de asistir desde tan lejos, para estar presente en la reunión, está, de hecho, haciendo una declaración de independencia.

Cada uno de los cubanos que asiste a estas reuniones tiene su propia historia. Todos, en un momento dado, más temprano o más tarde, han sido exiliados políticos y han combatido de algún modo la Revolución y su gobierno. Hay de todo en este grupo humano que se congrega en La Habana. Se ha querido presentar estas reuniones como un acto de sometimiento al gobierno cubano y a la revolución. Se nos quiere presentar como gentes que hemos cambiado de opinión. Inclusive yo he oído decir que "nos hemos vendido". Perdóneseme la dura expresión, ¿pero, coño, cómo es eso de venderse cuando cada uno de los participantes tiene que gastar su dinero para estar presente en un acto que no pasa de tener un profundo significado simbólico? Las relaciones que establecen los emigrados con la Nación cubana, en estos tiempos, tienen un sentido gratuito. No ocurre lo mismo con aquéllos que desde Miami nos denigran y que llegan hasta el extremo de recaudar cientos de miles de dólares, utilizando hasta a la Virgen de la Caridad. No hay un solo acto que se realice en Miami que no esté presidido por el signo de la colecta o del soborno.

¿Porqué los cubanos, desde todos los rincones del mundo, toman los aviones y asisten a estas reuniones en las cuales no se va a resolver nada concreto? Esto hubiera sido imposible hace diez años, o hace veinte. Hoy se hace posible porque todos hemos cambiado por dentro y tenemos la sensación de que la nacionalidad cubana está en peligro, ahora más que nunca. El tiempo transcurrido ha sido definitorio. Dentro y fuera de Cuba se han producido cambios importantes. Hoy el gobierno de Cuba nos acoge sin someternos a un *test* ideológico y sin rebuscar en nuestros respectivos pasados. El dogmatismo de otras épocas ha desaparecido. Se intuye que ha llegado la hora del reencuentro.

Yo me atrevería a pensar que cada uno de los asistentes a la Conferencia (la primera y la segunda) lo que ha hecho es revisar sus prioridades. Lo primero ha de ser la Nación, al margen de todas las otras consideraciones políticas circunstanciales. Todos tenemos la experiencia directa de la conjura que se ha estado armando en el extranjero durante 36 años y hemos llegado muchos de nosotros, a la convicción de que esa conjura no va dirigida solamente al gobierno o a la revolución sino a la Nación misma. El hecho de que muchos de nosotros tengamos ahora otras nacionalidades no nos impide acudir al reencuentro. Es un deber. Un retorno al origen.

La primera reunión de abril de 1994 tuvo una importancia enorme. Obsérvese todo lo que ha ocurrido desde entonces y se verá que estamos en un franco período de reformas que empiezan por donde deben comenzar siempre éstas, es decir, por el contenido espiritual. Los cubanos, los que han regresado, los que van a regresar, los que quieren regresar y hasta lo que dicen que *no regresan*, sienten ya que está abierta la ruta del reencuentro. Ésto ha debilitado mucho la conjura del extranjero. Están en fuga los fantasmas de la discordia. A medida que Cuba vaya saliendo del aislamiento a que fue condenada, y a medida de que estas reuniones se vayan produciendo más a menudo, se verá que hay alternativas al odio. Por encima de las tumbas, por encima de las diferencias políticas, son más las cosas que nos unen que las que nos separan. No importa el texto de los acuerdos que se tomen en esta segunda Conferencia. Lo que importa es el acto mismo de reunirse. Tanto para los que regresan como para los que los reciben. Así empiezan las mejores aperturas.

Si uno se pone a observar cómo se han ido tejiendo los hilos de la conjura contra Cuba, para vaciarla de todo contenido y despojarla de todos sus símbolos, se pueden descubrir cosas muy interesantes. Martí, por ejemplo, ha sido distorsionado. Han fabricado un Martí que encaja perfectamente en el espíritu plattista. Es un Martí distinto, un Martí que ha sido podado de toda referencia crítica a Estados Unidos. Un Martí que sirve para designar a una emisora oficial de Estados Unidos, dedicada a promover la subversión en Cuba. Sutilmente, la masa rural que vive en el exterior, y que no puede entender estas cosas, recibe la impresión de que el verdadero Martí es el que está en Washington. Lo han disfrazado. Hasta la Virgen de la Caridad, al parecer, se fue de Cuba y está en Miami y es anti-castrista. Muchas gentes creen que la Virgen que está en una Ermita, en Miami, es la misma del Cobre, lo cual no es cierto. Deliberadamente, han creado una cierta confusión sobre los orígenes de esta Virgen. El cura que maneja el negocio de la Ermita pronuncia por radio discursos patrióticos y recaudó más de 200 000 dólares recientemente. Inclusive la música ha sido utilizada, de una manera muy sutil, para crear la sensación de que "el Son se fue de Cuba". Durante 36 años se ha ido desarrollando la idea de que hay que abandonar la Isla y buscar la libertad. Y *todo el mundo* se ha ido. Los buenos están afuera. Los otros diez millones son malos mientras se queden allá. Dejan de serlo tan pronto se van. No es difícil entender que la intención es sembrar la idea de que la verdadera Nación cubana está en el destierro. Lo cual es falso. Deliberadamente, con una inversión publicitaria de muchos miles de millones de dólares, se ha querido crear la impresión de que *no existe* la nación cubana. Cuando se restablezca en Cuba un gobierno democrático y proamericano entonces tendremos otra vez una nación. Volverá un Martí adecuado a las circunstancias. Volverá Celia Cruz. Volverá el Son.

Por eso, precisamente, estas Conferencias de la Nación y la Emigración tienen importancia. Cada uno de los cubanos que asiste al encuentro está desafiando la conjura contra Cuba. Está restableciendo el orden moral. Se está solidarizando con la Nación cubana original, con la única que tiene realidad en la conciencia. Está contribuyendo a esclarecer la realidad buena. Ésto no tiene nada que ver con la adhesión al gobierno ni con la aceptación de una ideología. Está por encima de todo eso.

Revista *Contrapunto*, 1995

WASHINGTON Y LA ARROGANCIA DEL PODER

La muerte reciente del ex senador William Fulbright, quien durante quince años fue *Chairman* del Comité de Relaciones Exteriores del Senado, invita a meditar sobre el deterioro en las instituciones en Estados Unidos. El abismo que existe entre aquel Fulbright, hombre de pensamieno claro, y este Jesse Helms que se ha apoderado del Comité Senatorial gracias a una ridícula votación, es impresionante. Fulbright era un intelectual, Helms representa los instintos más bajos de la clase dominante americana.

Cosa curiosa, el presidente Clinton se proclama discípulo de Fulbright, pero no es posible, sin embargo, hallar en el Presidente uno sólo de los rasgos del difunto senador. "Si no hubiera sido por él (Fulbright) yo no estaría hoy en la presidencia", dijo Clinton en la Casa Blanca, tal vez con la mejor intención, pero, en definitiva, haciendo responsable a Fulbright del desastre que va implícito en su ascenso al poder. Ya no tiene remedio.

Fulbright fue el hombre que manejó en el Senado los votos para eliminar del escenario a Joseph McCarthy, lo cual, en aquel momento, era una acción que requería mucho coraje. Hoy no es difícil encontrar reproducciones de McCarthy en Washington, pero ya no hay senadores como Fulbright. Fue también el hombre que se enfrentó a la calamidad de la guerra de Viet Nam. Pero, sobre todo, fue el autor de un libro singular que contiene un crudo análisis de las tendencias declinantes en Estados Unidos. El libro se publicó en 1966 y se tituló *The Arrongance of Power* (*La arrogancia del poder*). "América está dando señales de una arrogancia de poder que ha sido la causa de la destrucción de grandes naciones (...)", eso es lo que escribía el entonces senador en aquel año 1966. Casi 30 años después es más fácil entender lo que quería decir.

Un ejemplo muy elocuente de la arrogancia y el desprecio que siente Estados Unidos por el resto del mundo se puede ver en el reciente caso de Panamá. El gobierno de aquella pequeña nación tomó la decisión de declarar Día de luto nacional el aniversario de la invasión americana. La reacción de Washington, respaldada por algunos diarios importantes, fue de indignación. ¿Cómo se atreven los panameños malagradecidos a declarar día de duelo una invasión que los liberó de una tiranía espantosa?

Es decir, el señor Bush, porque le dio la realísima gana mandó los aviones más modernos a bombardear al indefenso pueblo panameño, y detrás metió una invasión de 25 000 hombres. Hubo, según los cáculos más veraces, casi 3 000 muertos, pero esto se ha ocultado cuidadosamente. Todavía hay gente en Panamá buscando los parientes desaparecidos. Sin embargo, los panameños no pueden protestar. No pueden declarar día de duelo el de la trágica invasión. De hecho se les exige que organicen festejos para conmemorar la fecha. ¿Se quiere mayor arrogancia?

El caso de la *Smithsonian Institution* revela también una tendencia asombrosa al abuso de poder. La prestigiosa institución había preparado una exhibición del *Encla Gay*, avión que arrojó las bombas atómicas en las islas del Japón, matando a más de 140 000 personas, hombres, mujeres, viejos, niños, etcétera. El propósito era hacer una presentación objetiva del hecho histórico, al margen de la propaganda usual. Por supuesto, al hablar objetivamente de aquel hecho no es posible ocultar la responsabilidad de Estados Unidos. La tesis de que no era necesario arrojar las bombas atómicas viene de muy atrás. Los generales Eisenhower y Marshall no estuvieron de acuerdo. Tampoco el almirante Leahy.

El proyecto de la *Smithsonian* tropezó inmediatamente con la oposición de las organizaciones de veteranos. Exigieron la renuncia del director de la *Smithsonian*. Los aliados en el Congreso amenazaron con suspender los créditos. En resumen, el proyecto fue revisado y se omitió toda referencia histórica que pudiera darle la más mínima razón a los japoneses. Ahora 80 historiadores de Estados Unidos han firmado una carta de protesta denunciado lo que llaman "limpieza histórica". Al otro extremo, Charles Karuthammer, en un ensayo en *Time magazine*, elogia patrióticamente la decisión de la *Smithsonian* de renunciar al análisis histórico, la arrogancia no permite hacer justicia.

El caso de los 35 000 cubanos atrapados en el mar e internados en campos de concentración en Guantánamo es otro ejemplo de arrogancia insoportable. ¿Cuál es el delito de estos cubanos? Simplemente, haber creído la intensa propaganda que Estados Unidos, oficialmente, ha estado haciendo durante 35 años, invitando a los cubanos a huir de la Isla para recibirlos como héroes, inclusive en la Casa Blanca... Es decir, durante años se han gastado millones para alentar a los cubanos en la fuga y, de pronto, descubren que son inmigrantes ilegales y los meten en unos campamentos rodeados de alambradas y custodiados por soldados armados de ametralladoras... Lo más curioso es que en algunos periódicos se acusa a los cubanos de ingratos por el hecho de que protestan. Hay un acuerdo tácito en la prensa americana para no hablar de esta escandalosa violación de los derechos humanos de los cubanos.

El nuevo Presidente de Colombia fue acusado de haber recibido apoyo financiero de algunos traficantes en drogas. No se probó nada. Pero Washington estaba indignado. Aparentemente, lo que querían es que no le dieran posesión al Presidente. Los colombianos no le hicieron caso. El presidente Clinton, para humillar al nuevo mandatario, envió a la toma de posesión a un cubanito de Miami llamado Padrón, que no ocupa ningún cargo oficial, y cuya única importancia, en el sórdido mundo de Miami, es que se ha pasado años dedicado al deporte favorito de los cubanos, publicar miles de fotografías suyas en miles de actos. El pobre hombre no llegó a darse cuenta de que le escogieron para la misión precisamente por su escasa importancia y para humillar al nuevo gobierno.

El caso más patético de arrogancia, sin embargo, es el afán inmoderado de destruir al pueblo de Cuba por el sólo crimen de no aceptar la tutela de Estados Unidos. El mundo entero contempla asombrado cómo un país tan poderoso como Estados Unidos no cede un ápice en su proyecto de matar de hambre al pueblo de Cuba para humillar a Castro y obligarlo a marcharse. Ya, prácticamente, no hay comunismo en Cuba. Ya Cuba no representa un peligro para Estados Unidos, y, de hecho, nunca lo representó, pero se mantiene la propaganda constante contra Cuba y se castiga severamente a los países que tratan de ayudar a Cuba. Ahora el senador Helms, desde el Comité de Relaciones Exteriores, está planteando que se apriete más a Cuba. Es decir, no basta lo que han hecho desde hace 36 años. Hay que hacer más.

Diario *La Prensa*, 1995

OBSERVACIONES SOBRE EL PROYECTO PLATTISTA DEL *ATLANTIC COUNCIL*

El proyecto del *Atlantic Council* (AC) fue publicado en junio de 1995 y está circulando en estos momentos. Se trata de un folleto de poco más de 50 páginas en el cual se diseñan las futuras relaciones de Estados Unidos con la isla de Cuba. Sarah C. Carey, C. Richard Nelson y Kenneth Weisbrode son los tres nombres que aparecen en la portada como responsables del proyecto. El título es ambiguo: *A Road Map for Restructuring Future U.S. Relations with Cuba*. No se aclara, en ningún momento, si lo que se trata de reestructurar son las relaciones de la Revolución cubana con Estados Unidos o si lo que se quiere es aplastar primero la revolución, desmantelarla, y entonces organizar esas relaciones. Esto último parece ser lo que ellos entienden como "cambios".

Es decir, aparentemente el AC no intenta meterse en las complejidades de la situación cubana, sino que, hipotéticamente, asume que el gobierno de Cuba va a desaparecer, se le va a dar marcha atrás a todo lo que se ha hecho en Cuba en 36 años, y entonces, con su gobierno dedicidamente dócil y proamericano, se procederá a diseñar las relaciones. La idea es ingenua. Porque si logran establecer en Cuba un gobierno dócil no será necesario diseñar nada ni hacer *road maps*. Simplemente, se restablecerá la situación anterior a la revolución, se enviará un embajador y desde Washington se manejarán los asuntos de Cuba. *As simple as that.*

Lo intersante habría sido que el AC, con todo su equipo de analistas, y con la colaboración o complicidad del algunos cubanos, estudiara la forma en que se podrían mantener relaciones respetuosas con Cuba partiendo de la base de que el pueblo de Cuba no tuviera que renunciar a su soberanía y recibir órdenes de Washington. Curiosamente, todos los estudios que se hacen sobre las futuras relaciones US-Cuba arrancan de la concepción de que Cuba tiene que volver a ser un protectorado americano. Es decir, ustedes echan abajo todo eso que han hecho durante tantos años, piden perdón, prometen portarse bien en el futuro y entonces he aquí lo que vamos a hacer para que no vuelvan a ocurrir incidentes desagradables en nuestras relaciones.

El *Atlantic Council*, como es usual en estos casos, es una organización *non-profit,* lo cual no pasa de ser un eufemismo. Su objetivo es cuidar los intereses de Estados Unidos en las comunidades del Atlántico y el Pacífico. Se presenta como ajena a los partidos políticos, lo cual siempre es discutible. ¿Quiénes financian sus operaciones? Las fundaciones, las agencias del gobierno federal, etcétera.

¿Cómo espera el AC que se organicen las relaciones futuras entre Estados Unidos y la isla de Cuba? Para establecer sus conclusiones, el AC dice haber formado un grupo de trabajo con una cantidad considerable de elementos cubanos y americanos. Pretenden ofrecer la impresión de que todos los miembros del "*Working Group*" están de acuerdo. Esto es, que hay consenso.

Los cubanos que aparecen en la relación de "miembros" son gentes de muy variados matices ideológicos. Los hay, por ejemplo, como el "doctor" Carlos Alberto Montaner, que se definió oportunamente como partidario de convertir a Cuba en un apéndice de Estados Unidos. A diferencia de los "patriotas" de 1902, Montaner no se conforma con ponerle un apéndice a la Constitución cubana, como se hizo con la Enmienda Platt. No, él va más lejos. Él ha propuesto poner a Cuba de apéndice.

Entre los miembros cubanos que aparecen en el folleto se destacan varios desertores de la Revolución cubana. Están, entre otros, Ricardo Alonso, ex embajador, Carlos Franqui, ex jefe de la censura en Cuba, Ernesto Betancourt, y otros de menor relevancia.

Los nombres de Bernardo Benes y Eloy Gutiérrez Menoyo aparecen también como participantes en el trabajo. Pero ambos lo han negado enfáticamente. Benes renunció y rechazó los conceptos que se expresan en el documento. Gutiérrez Menoyo, en una carta que me envió recientemente, rechaza toda participación en el llamado "*Working Group*". No sé si otros cubanos han protestado de haber sido incluidos en el *Policy Paper*. Es posible que lo hayan hecho. Aunque hay algunos, como siempre, que se deben sentir honrados por haber sido utilizados por el *Atlantic Council* para crear la imagen de que hay consenso entre los cubanos, de todas las tendencias, para aceptar en Cuba un gobierno dependiente de Estados Unidos. Es evidente que hay muchos cubanos, fuera de la Isla, que verían con gran satisfacción que Cuba fuera gobernada desde Washington, que es, en definitiva lo que nos quiere reservar el AC para el futuro.

El documento del AC arranca de la premisa de que los cambios políticos en Cuba ya *son inevitables*. Es decir, se cae el gobierno de Castro y viene otro gobierno, imponen otro gobierno. Por supuesto, no se atreven a predecir cómo y cuándo esos cambios se van a producir, lo cual revela que los redactores del proyecto demuestran algún sentido común. Después de haberse pasado 36 años hablando de la inevitabilidad del cambio, y después de haber invertido cientos de millones de dólares para provocar los cambios, y después de haber arruinado al pueblo de Cuba, estas gentes tienen, al menos, el pudor de no saber cómo va a ser la cosa ni cuándo. Pero, eso sí, esperan que en Cuba aparezca un gobierno "cooperativo". Ni siquiera mencionan la posibilidad de que los cambios en Cuba podrían conducir a una sangrienta guerra civil y a un éxodo de medio millón de cubanos hacia las playas de Miami, lo cual revela cierta indigencia mental.

Lo primero que van a hacer, según el AC, tan pronto exista en Cuba un gobierno cooperativo, es decir, uno que coopere y obedezca, sería nombrar un Coordinador que se ocuparía de manejar la situación cubana desde Washington, rindiéndole cuentas al presidente.

La función de este Coordinador sería vigilar el proceso y controlar los programas de asistencia. En rigor, aunque no lo dicen, el Coordinador ejercería, discretamente, las funciones de un Gobernador de Cuba, algo parecido a lo que se hizo con aquél Leonardo Wood de 1902. "O se portan bien y aceptan el tutelaje de la Enmienda Platt (...) o no hay independencia", fue lo que dijo Mr. Wood.

Por supuesto, se nombraría un embajador en Cuba. Uno de los primeros pasos sería resolver el problema de las confiscaciones de propiedades. Ésto, al parecer, es fundamental para los ricos cubanos que contribuyen a las campañas electorales en Estados Unidos. Es el tema favorito.

En el proyecto se incluye la necesidad de mantener las transmisiones de Radio Martí y TV Martí. Es decir, ni siquiera un gobierno dócil podría aspirar a librarse de los medios de comunicación que se manejan desde Washington.

La Base Naval de Guantánamo sería desmantelada, pero se crearía allí una especie de zona de libre comercio, o algo así, los dineros que se recauden serían empleados para compensar a los propietarios que fueron confiscados por la revolución.

El Departamento de Defensa de Estados Unidos establecería procedimientos para entrenar y reformar las Fuerzas Armadas de Cuba. Los Departamentos del Tesoro y el Federal Reserve también participarían en planes de reformas en Cuba.

Uno de los patriotas cubanos que participaron en la redacción del mamotreto propuso que se modificara la Constitución cubana y se erradicara el comunismo. El patriota, de nombre Masvidal, no aclaró lo que quería decir con esta proposición ni a qué Constitución se refería.

El nuevo gobierno de Cuba tendría que aceptar que debe más de 13 billones de dólares por las propiedades confiscadas. Es decir, el valor de las propiedades más el interés compuesto desde 1960.

Las sanciones económicas sobre Cuba no serían levantadas ni siquiera después que se instale en la Isla un gobierno dispuesto a cooperar y obedecer a Washington. Nada de eso. La Ley Torricelli establece que las sanciones deben ser levantadas en forma progresiva. Hay que celebrar elecciones y portarse bien. Hay que demostrar plenamente que el nuevo gobierno va a cooperar con Washington. El presidente de Estados Unidos tendría que certificar la buena conducta del nuevo gobierno.

Los redactores del documento del AC están convencidos, y así lo expresan, que los oyentes y televidentes de la TV Martí aumentarían enormemente tan pronto exista en Cuba un nuevo gobierno. Por eso sugieren que el Congreso debe proveer fondos para mantener Radio Martí y TV Martí. De este modo, el pueblo cubano recibiría su información, directamente, desde Washington por las emisoras oficiales del gobierno americano. El cubano Jorge Domínguez, que lleva años tratando de articular un pensamiento coherente sobre algo, logró al fin un ligero resultado. Se opuso valientemente a que Radio y TV Martí siguieran en el aire. Mas Canosa debe haberse puesto bravo con Domínguez.

Otro aspecto importante en el interesante documento del AC es que en él se propone que se establezca en La Habana una oficina del FBI para perseguir la delincuencia.

Todo lo anterior parece más que suficiente para dejar sentado lo que representa el proyecto del *Atlantic Council*. Yo no dudo de que muchos cubanos, y muchos de los que aparecen relacionados en el documento como participantes, se podrían sentir satisfechos con este plan de establecer en Cuba un gobierno cooperativo que tendría que ser manejado desde Washington por una especie de Coordinador o Gobernador. Estas cosas vienen caminando desde hace años. El anti-castrismo, que pudo ser un movimiento autóctono y serio, perdió toda vigencia histórica desde 1960, cuando se convirtió en un apéndice de la política americana.

Esa situación no ha cambiado en 36 años. Los grupos del llamado exilio (que no lo es, ciertamente) han operado siempre mentalmente con un criterio plattista. Hay excepciones honrosas, pero son pocas. Todavía se oyen por la radio de Miami alaridos de protesta contra Estados Unidos y se les acusa, precisamente, de *no querer intervenir en Cuba*. El mayor agravio que exhiben los cubanos contra el presidente Kennedy consiste en que, después de haber enviado una tropa mercenaria a Cuba, luego se negó a desatar el bombardeo contra la Isla. "No nos dio cobertura aérea", dicen.

En rigor, el vasto pueblo cubano de la emigración no tiene toda la culpa de esta pérdida de sentido nacionalista. Ha sido una víctima de un largo proceso de propaganda intensiva que ha durado 36 años y que ha costado millones de dólares. Esa propaganda se inició en 1959 y no ha cesado nunca. Por las emisoras de Miami, durante 24 horas diarias, a través de los años, se ha estado difundiendo la noción de que hay que liberar a Cuba y se maneja una información que es falsa o distorsionada en un 80 por ciento de su contenido. Liberar a Cuba quiere decir, concretamente, imponerle a la Isla un gobierno cooperativo como el que han diseñado los americanos y cubanos del *Atlantic Council* o peor. Si a la Coca Cola o al Papa le hubieran hecho durante 36 años la misma propaganda que le han hecho a Cuba nadie tomaría Coca Cola y todos odiarían al Papa. Cómplices de esta propaganda contra Cuba han sido los sectores empresariales cubanos, los de antes y los nuevos. Es decir, la misma gente que en la Cuba anterior a la revolución se sentía muy feliz con el sistema de protectorado americano. Cómplices son hoy los que manejan los periódicos y la radio y televisión en las comunidades cubanas de Estados Unidos.

En realidad, lo que se propone en el proyecto del *Atlantic Council* es lo mismo que planificó Mas Canosa en su Ley Torricelli. Es raro que el nombre del patriota de la Fundación no aparezca entre los redactores del documento. Tal vez se mantuvo aparte para no matizar el proyecto con su presencia. Podría sospecharse que la intención del AC es ayudar, en cierto modo, a sacar adelante la cavernaria ley de Jesse Helms. Al presidente Clinton se le podría engañar mostrándole este proyecto en el cual coinciden gentes de orientación liberal con elementos del más rancio pensamiento conservador. Pero esto último no es cierto. La protesta de Benes y Menoyo indica que hubo algo de engaño. Fueron utilizados.

Lo gracioso de todo esto es que yo he oído por la radio de Miami, en algunas de las tertulias que organizan todos los días, violentos ataques contra el *Atlantic Council* presentándolo siempre como una organización izquierdista, liberal, casi comunista. Esto es increíble y revela el bajo nivel intelectual de la radio de Miami.

Revista *Contrapunto,* 1995

NUESTRA VOCACIÓN POR EL MOLOTE

En la Cuba en que yo viví, hace muchos años, ocurrían cosas muy interesantes. Unas buenas y otras malas. Pero todas estaban a tono con el carácter de nuestro pueblo, que siempre ha sido alegre e irresponsable. No hay dudas de que somos un pueblo extraordinario. Eso explica por qué hemos logrado almacenar más de un millón de individuos, de ambos sexos, en el extremo sur de Estados Unidos y todos se hacen llamar exiliados, todos, casi sin excepción, se siente inmediatamente felices de haber abandonado su tierra y de haber llegado a la promisión. Las fiestas anuales, en la Calle Ocho, son un jubiloso cántico a la alegría de vivir lejos. Extraño destierro.

Hay en mi memoria un espectáculo inolvidable que se daba en las calles de nuestras ciudades. Por ejemplo, un hombre (o mujer) iba por la calle y, de pronto, un automóvil lo atropellaba. Inmediatamente, todos los ciudadanos que estaban en un kilómetro a la redonda abandonaban lo que estaban haciendo y se congregaban entorno al herido para discutir con entusiasmo lo que era necesario hacer. Nunca se ponían de acuerdo. Pero siempre surgía uno, más sabio que los otros, que tomaba el mando y agarraba al herido por una pierna y lanzaba órdenes para que los demás ayudaran, y entonces diez o veinte de los presentes se ofrecían como voluntarios para meter al herido en el primer carro que pasara y éste arrancaba, con el claxon sin parar, en dirección a la primera casa de socorros. ¡Qué cosa tan alegre era aquello de cargar con un herido en un automóvil, lleno de voluntarios, y tocando el claxon incesantemente, hasta llegar al hospital!

Que nadie lo dude. Al llegar a la Casa de Socorros, se cargaba al herido entre todos y se le depositaba en la mesa de operaciones, entre empujones y gritos. Luego todos los vecinos, en un kilómetro a la redonda, atraídos por el claxon, se congregaban en el lugar, siempre muy pequeño, para observar cómo el médico se las arreglaba para reconstruir al herido o para matarlo, que esto último era lo más frecuente. Los médicos siempre se sentían orgullosos de trabajar con tantos espectadores.

Al final, todo se alborotaba cuando llegaba la parienta que acababa de enterarse del accidente y empezaba a dar gritos, anunciando que "le iba a dar algo". Todo el mundo acudía presuroso a consolarla.

Todo lo que yo sé de medicina, que es muy poco, lo aprendí en las Casas de Socorros viendo a los médicos remendar a los heridos. Hoy en Miami, los médicos más peligrosos son aquellos que trabajaban en las Casas de Socorros. Mucho cuidado.

Para mi sorpresa, acabo de enterarme que la costumbre no se ha perdido, aunque ha sufrido algunas modificaciones en Miami. La prensa ha recogido, en detalle, la historia de Willie James Davis, de 46 años, que murió en el Victoria Hospital, de Miami, aparentemente, de causas naturales, aunque ahora se está descubriendo que un bonche de sirvientes, probablemente compatriotas míos, todos ellos animados de las mejores intenciones acabaron con la vida del pobre Willie.

Willie estaba en el hospital y se puso majadero. Probablemente tuvo alucinaciones. Fue necesario sujetarlo, apaciguarlo, someterlo a la obediencia. Y aparecieron enseguida los voluntarios. Gentes del mantenimiento. Probablemente sirvientes, o jardineros, o cocineros. Y todos se abalanzaron sobre el pobre Willie. Uno de ellos declaró después que había sido como en el fútbol. Todos le cayeron arriba. No quedó libre un sólo espacio de su pobre cuerpo.

"Yo pude agarrarle un pedazo de la cabeza", dijo uno de los voluntarios.

Una de las enfermeras daba gritos pidiendo que lo dejaran libre. Inútil. Los voluntarios estaban decididos a controlar a Willie.

"¡Lo van a matar!", gritaba la enfermera. "¿Qué importa un negro menos?", respondió uno de ellos. Es decir, Willie era negro, razón de más para querer apaciguarlo. Uno de los voluntarios alertó sobre la posibilidad de que Willie podría morder a alguno de ellos y que sería bueno echarle una sábana sobre la cabeza. Y así fue. Le cubrieron la cabeza.

Ya es posible entender cómo terminó la cosa. Mataron a Willie. Con la mejor intención, con los mejores deseos, sin ánimo de dañar al hombre, los voluntarios acabaron con el pobre negro.

No estoy tratando de sacar conclusiones generales citando casos particulares. Estoy insinuando algunas características que no son enteramente nuestras, pero que nos singularizan y que se advierten en otros aspectos de nuestra vida histórica.

Véase, por ejemplo el caso de los derechos humanos. Al principio se apareció un individuo y habló, dentro de Cuba, de los derechos humanos y hasta se conectó con la Sección de Intereses de Estados Unidos y le fue bien. Hoy hay 95 organizaciones de derechos humanos agrupadas en una cosa que llaman Concilio. Es un molote. Todos corren desesperados, como voluntarios, a crear organizaciones de derechos humanos y a nombrar un delegado en Miami. Ahora se habla de que están discutiendo, entre ellos, por unos dólares. ¿De dónde salen los dólares? Nadie lo quiere decir. Pero siempre hay querellas por los dólares. El día que se corra la voz en Cuba de que si uno funda una organización de derechos humanos enseguida tiene acceso a una ayuda y hasta es posible conseguir una visa para la tierra de promisión, entonces veremos aparecer 10 000 organizaciones más. Eso no falla. Ya lo dijo Máximo Gómez, cuando vio aparecer miles de mambises al terminar la guerra. "¡Si hubiéramos tenido tantos en la manigua, qué pronto habríamos terminado la guerra! ¡A sombrerazos hubiésemos ganado la guerra!"

El mismo fenómeno ocurre en Miami. Y ya llevamos casi 37 años en el mismo juego. Tan pronto se vio que era buen negocio fundar una organización para defender la libertad de Cuba, con todos los etcéteras del caso, enseguida hubo un aluvión de organizaciones y plataformas y fundaciones. ¿Cuántas hay en Miami? La última cuenta que oí mencionaba más de 450. Todas están en desacuerdo. Todas recaudan algo. Todas viven en la sombra de la radio. Las hay de todo tipo. Algunas hasta tienen un cura para uso particular.

¿Se quiere nada más pintoresco? Un Concilio de 95 organizaciones en Cuba y otras 450 más en Miami. ¿Es serio eso? ¿No hay algo de bochinche en esto? ¿No es el mismo relajo de aquellos tipos que abandonaban todo lo que estaban haciendo para ir a la Casa de Socorros a ver cómo corría la sangre?

Diario *La Prensa*, 1995

LOS ORÍGENES DEL ANTI-CASTRISMO

Allá por el año 1958, el entonces presidente de Cuba, Fulgencio Batista, estaba muy preocupado. Las noticias que le llegaban de Washington indicaban que el presidente Dwight Eisenhower estaba disgustado con él. Se hablaba, inclusive, de destituirlo. Lo cual, pensaba Batista, era una injusticia. Porque él se había pasado muchos años sirviendo lealmente los intereses americanos.

Además, el presidente Harry Truman había visto con simpatías el golpe militar del 10 de marzo de 1952. Inclusive lo habían estimulado a dar el golpe. Era un atropello lo que le estaban haciendo. Ya, para fines de 1958, le llegó la cesantía. Tenía que irse. Y pronto. Por eso, en diciembre de 1958, Batista empezó a preparar las maletas en silencio. Eran pocos los que sabían de la inminente fuga.

Batista envió a Gonzalo Güell, ministro de Relaciones Exteriores, quien estaba enterado del plan, para que gestionara el asilo en República Dominicana con el generalísimo Rafael L. Trujillo. La segunda quincena de diciembre se la pasó todo el tiempo arreglando sus dineros y dictándole al secretario los nombres de aquéllos que deberían ser avisados, en la hora penúltima, para que se montaran en el avión con él.

El avión militar volaría de La Habana a Santo Domingo. Pero al piloto no se le podría decir para donde iban hasta el último minuto, cuando el avión llevara una hora de vuelo, hacia el este, más o menos. Tampoco se llenaría el avión. Unos pocos elegidos serían avisados. Batista entonces se dio banquete dejando fuera de la lista a todos aquéllos que le caían mal. "Presidente, ¿no ponemos a Fulano?", le preguntaba el secretario.

"¡Nunca, que se quede en tierra!", decía el general. En resumidas cuentas, a casi todos sus partidarios más íntimos los dejó fuera de la lista.

Cuando llegó el avión a Santo Domingo, le avisaron enseguida a Trujillo. Y el Generalísimo salió corriendo para el aeropuerto a darle un abrazo a su amigo y colega. Batista le dio las gracias, conmovido. Todos parecían muy contentos. Entonces Trujillo, que era hombre resuelto, le dijo a Batista que tenían que hablar en privado y con urgencia. Antes del amanecer del 1º de enero de 1959, Trujillo, clavándole los ojos a Batista en pleno rostro, le informó que ya estaba dando las órdenes para preparar la invasión de Cuba con el propósito de restablecerlo en la presidencia.

"Usted y yo vamos juntos y en un par de horas acabamos con esa revolución!, le dijo Trujillo.

Batista quedó espantado. Nunca había sido hombre de tomar decisiones heroicas. Mucho menos ahora. "Tenemos que esperar, tenemos que ver las cosas con frialdad (...)", le contestó a Trujillo.

"¿Esperar qué? ¿Usted no ve que yo también estoy amenazado? Usted ha tenido para donde correr, pero, ¿para dónde corro yo si eso llega aquí?", fue la respuesta del Generalísimo.

Conclusión: Trujillo se llenó de desprecio hacia Batista y lo convirtió en un prisionero. Le arrancó varios millones, y al final lo dejó huir para una isla portuguesa.

Pero, allí aquel amanecer del 1º de enero de 1959, nació el anti-castrismo. Fue Trujillo el fundador, increíble, pero cierto. Durante casi todo el año 1959, el trasiego entre Miami y Santo Domingo fue muy intenso. Se estaba organizando la invasión de Cuba. Crearon hasta un casi gobierno, con su presidente y todo. El general José Eleuterio Pedraza, sería el jefe militar. Un par de patriotas cubanos, que no quiero mencionar, recorrieron todos los países de la América gestionando el reconocimiento del gobierno que iba a surgir de la invasión.

Allí empezó la cosa que ha ido evolucionando hasta convertirse, 36 años después, en la porquería que es hoy, en abril de 1995. Ayer, 12 de abril, por *Radio Mambí*, el patriota Pérez Roura le exigía al presidente Clinton que se "pusiera los pantalones" para sacar a Castro de Cuba. Es decir, que mandara un ejército a invadir la Isla. A bombardearla.

Esa devoción que tienen los cubanos anti-castristas por las peores dictaduras de la América Latina es lo que explica que ahora, de pronto, tiren por la borda al pobre representante Robert Torricelli. ¿Por qué? Simplemente porque Torricelli, olvidando que él tenía que ser el aliado de la ultra-derecha cubana de Miami, que para eso contribuían generosamente a sus campañas, cometió el error de poner al desnudo los crímenes cometidos por los militares guatemaltecos, financiados por Washington. Torricelli dio un mal paso. Traicionó a los gorilas cubanos. No se dio cuenta de lo que él representaba realmente y se puso a hablar mal de un gobierno, el de Guatemala, que es sagrado para los anti-castristas por su excelente récord de violaciones a los derechos humanos. Ya Torricelli no es bueno. Ahora el héroe de los cubanos de Miami es Jesse Helms, el dinosaurio del Senado americano que ha prometido que va a sacar a Castro de Cuba. En estos días le van a dar un homenaje con voladores en Miami. El viejo senador, que no puede distinguir a Pakistán de la India, va ahora a salvar a Cuba.

Diario *La Prensa*, 1995

ELOGIO DEL ANONIMATO

El hecho de que existan, en 1995, centenares de organizaciones anti-castristas y grupos de derechos humanos en Cuba y en el exterior, y cada uno con un nombre, un apellido y una dirección postal, es un indicio claro de que los que nos enfrentamos a la Revolución cubana, hace 36 años, y los que vinieron después, hemos terminado en un estado de total anarquía.

¿Por qué? ¿Hay algo en el carácter mismo del cubano que provoca que todo termine en el bochinche? ¿Son las intrigas, los chismes, las ambiciones inmoderadas de poder, el afán de protagonismo, la incompetencia, la irresponsabilidad, el exhibicionismo, los factores que impiden que entre los cubanos se pueda desarrollar una corriente política racional y disciplinada? ¿Por qué en 36 años, y con tan vasta experiencia, ha sido imposible desarrollar un programa coherente frente a la Revolución y frente a la penetración de Estados Unidos?

Son muy ambiciosas las preguntas y yo no tengo respuestas. Hay de todo un poco, tal vez. Es posible que la desesperación por el protagonismo sea una de las causas más ostensibles de la incoherencia nuestra. Yo no he conocido nunca un cubano que no esté dispuesto a aceptar inmediatamente el cargo de Presidente de la República o el de Ministro de Hacienda, sin tomar en cuenta, ni siquiera, si son capaces de saber un poco de Aritmética. En otro nivel, esta capacidad para la desfachatez y la improvisación se ha puesto de manifiesto en Miami donde los cubanos se han hecho famosos por su buena disposición para aceptar cualquier trabajo, aunque no tengan la menor idea de lo que están haciendo. La audacia no siempre tiene que ser una virtud. En política puede ser desastrosa.

¿Teníamos razón los que nos enfrentamos a la Revolución cubana en 1959? Esa es una pregunta que me he hecho mil veces. Y la respuesta tiene que ser debidamente calibrada. Razones personales las tuvimos muchos. Razones históricas, no. Las primeras son las que se refieren a la situación personal de cada cual. Por ejemplo, la persecución política, los ataques en la prensa, las confiscaciones. Es decir, cuando la persona se siente agredida por un proceso político es natural que se enfrente a él. Los hechos mismos lo llevan a la confrontación.

¿Pero cuáles razones históricas podíamos tener para enfrentarnos a una revolución que se iniciaba con el propósito de rescatar la soberanía y romper la dependencia de la Isla a Estados Unidos? ¿No fue ese un objetivo esencial, en todo el proceso de maduración de la nacionalidad cubana? ¿No fue ése el propósito de los fundadores, de los mejores, y de varias generaciones de cubanos inteligentes? (Para mi es obvio que lo que vino después, es decir, la relación de Cuba con la Unión Soviética fue una consecuencia de la real amenaza de Estados Unidos).

El movimiento contrarrevolucionario, desde sus inicios, estuvo huérfano de ideas. No teníamos razones históricas válidas. Nuestras razones venían dadas por Washington. No eran razones. Era propaganda anticomunista. Era la retórica barata de la *libertad* y la *democracia* que se suele fabricar en los medios burocráticos de Washington.

Por eso no fue posible nunca crear un movimiento terrorista para combatir a la revolución. Por eso, en 36 años, no ha sido posible formar un liderazgo capaz y honesto que aporte un programa de acción. Por eso es que el vacío lo han llenado unos locutores analfabetos que dan gritos en los micrófonos y se enriquecen tomándole el pelo a sus oyentes. Por eso es que todo ha fracasado, y después de 36 años se sienten desconcertados. Simplemente, *porque no teníamos razones*. No basta el coraje ni la buena voluntad para desarrollar un movimiento político ascendente. Hay que tener razón. Las simples razones personales no bastan. Usted puede sentir un odio profundo contra Castro y la revolución porque le quitaron su casa, pero eso no basta para justificar históricamente un movimiento. El hecho concreto de que el llamado movimiento anti-castrista fue deliberadamente fabricado por Washington, en defensa de sus intereses nacionales y como parte de la Guerra Fría, nos despojó, desde el primer día, de toda razón de ser. El mundo entero nos ve como mercenarios. Esto es desagradable, pero es así.

Anarquía es la palabra exacta. Centenares de grupos de cubanos que representan una escasa minoría en el ancho universo de la emigración cubana, corren de un micrófono a otro dando gritos y convocando actos públicos que se quedan casi desiertos. No se cansan nunca de pedir dinero para una hipotética guerra. Lanzan graves amenazas contra el gobierno de Washington que los ha dejado solos. Pero todo es inútil. No hay salida. No hay una sola personalidad que se destaque en esta algarabía. No hay nadie que se atreva a formular una idea racional.

Si se quisiera escoger el personaje que tipifica el estado de confusión que existe hoy en Miami sería necesario leerse los delirantes artículos de Andrés Vargas Gómez, el hombre que funge como presidente de una patética *Unidad Cubana*. ¿Qué es lo que dice el personaje? Desesperadamente, le llama la atención al gobierno de Washington para que despierte. La Unión Soviética continúa siendo un grave peligro; Cuba es una grave amenaza para Estados Unidos. En Cuba se está fomentando la subversión en la América Latina. Desde Cuba se maneja el narcotráfico. Todo eso es falso. Pero, además de decir esas cosas, en este momento, revela un grado avanzado de demencia política. ¿Por qué hacen estas cosas? Básicamente, por el afán de protagonismo. Por esa incapacidad casi biológica que tenemos de renunciar a la publicidad y adaptarnos al anonimato. No perder vigencia, aunque sea ridícula.

Es decir, estamos asistiendo al final de una época. Hay que estar ciego para no verlo. Porque no tienen otra alternativa, Estados Unidos está abandonando a su suerte la ficción del anti-castrismo. Hay cansancio en la opinión pública americana. Se han pasado 36 años soportando a un grupo de supuestos exiliados que no han hecho otra cosa que exigir que las tropas americanas invadan a Cuba, perspectiva no muy agradable, por supuesto, para los que tienen que poner los muertos. Por otro lado hay cambios sustanciales en Cuba. El proceso revolucionario ha entrado en una etapa de maduración. Emerge en Cuba una nueva generación que trata, discretamente, de evadir las definiciones ideológicas y busca soluciones pragmáticas para los problemas de la Isla. Cuba tiene ya relaciones con el mundo entero. Es evidente que la figura de Castro va a seguir al frente del proceso de cambios y está bien que sea así. No puede ser de otro modo. Es el factor de equilibrio. El que le da garantías a la nueva generación y a las Fuerzas Armadas de que no habrá una ruptura traumática del proceso.

Esperar cambios radicales en la estructura del gobierno cubano es inútil. Ese funcionario del *State Department* que cada vez que se produce alguna reforma en Cuba le declara a la prensa que "no es suficiente" es un idiota. Ni sabe nada de Cuba ni conoce las condiciones que existen en la Isla. Es un burócrata que sigue pensando en los mismos términos que Foster Dulles.

Lo mismo podría decirse de Oscar Arias. El hombre ha tenido algunos contactos con elementos del mundillo "político" de Miami. Tiene una visión oscura del problema de Cuba. ¿A qué fue Oscar Arias a Cuba con sus dos acompañantes? Probablemente a pedirle a Castro que *democratice* la Isla, es decir, que le entregue el poder a sus adversarios y a Washington, que se vaya.

Oscar Arias tiene en su *récord* el ser uno de los responsables del increíble bochinche que existe en Nicaragua y del cual ese pobre país no tiene salida visible. ¿Por qué Castro no recibió a Arias ni a sus acompañantes? Yo no lo sé, pero me lo imagino. Se dice que Arias se reunió secretamente con algunos disidentes para oír sus quejas. Me imagino que Castro, después de enterarse de este tremendo fallo, decidió ignorar la presencia de Arias en Cuba. Si lo hubiera recibido habría estado aceptando, de hecho, que Arias, sin ser designado, se había convertido, de hecho, en mediador entre el gobierno y unos disidentes que no representan nada en concreto. ¿Acaso el problema de Cuba consiste en lograr una conciliación entre el gobierno y esos disidentes? La visión del pobre Arias es muy *centroamericana*. Ahora anda por el mundo diciendo horrores de Castro y anunciando inminentes catástrofes.

En rigor, este momento es de transición. Poco a poco, se va desmantelando el aparato de Miami. Es ingenuo lo que piensan algunos de que se trata de una acción tomada por los demócratas. Si vuelven los republicanos seguirá el proceso de eliminación, viene impuesto por el tiempo, por la fatiga de una política. Las políticas también nacen, crecen y mueren. No hay nadie ni nada que pueda desalojar abruptamente a la nueva generación que va emergiendo en Cuba. No se trata de un gobierno. Es una generación, que es más que un gobierno. Es ingenua la idea de crear grupos para ir a Cuba a hacer política. La única misión que nos cabe a los que en 36 años nos hemos convertido en emigrantes es la de ayudar, en silencio, sin cacarear mucho, sin mucho protagonismo, con el mejor de los anonimatos, a que la Isla vaya recuperando su estabilidad por sí sola y para sí. Yo no creo en reconciliaciones ni en diálogos. No creo en soluciones, a la manera como quieren entender las soluciones los aspirantes. La mejor solución es la del regreso. Tengo la impresión de que las puertas de Cuba están abiertas para todos los cubanos. Regresar, no importa si en forma provisional o permanente. Esa es la solución. Lo demás lo dirá el tiempo. Los que logren librarse de los prejuicios de Miami y zafarse de la mala información, deben regresar. Todo regreso es un renacimiento. Se ven las cosas mejor cuando se regresa en silencio al pasado.

Revista *Contrapunto*, 1995

EL DURO PAN DEL EXILIO

En realidad, es algo muy curioso. Los nicaragüenses que viven actualmente en Miami se consideran todavía *exiliados*. Muchos de ellos salieron de su país en la época del sandinismo. Dicen que en busca de la libertad. Otros salieron después de la caída del sandinismo, también en busca de la libertad. Pero ocurre que en Nicaragua hay un gobierno más o menos democrático, constitucional, proamericano, etc. Es decir, un gobierno que no representa ningún peligro para los nicaragüenses. No hay represión. Lo que hay es una miseria espantosa, provocada por los presidentes Reagan y Bush. No hay ninguna razón para que los nicaragüenses de Miami quieran hacernos creer que son exiliados políticos.

Sin embargo, se comportan como exiliados. Tienen horas de radio en las cuales se habla del duro pan del exilio, de la libertad de la patria oprimida, de la crueldad de los americanos que no les quieren otorgar el derecho a ser exiliados y organizan protestas por las calles de Miami, y frente a las oficinas del Servicio de Inmigración.

Es evidente que se ha organizado una farsa con este truco del exilio. En vista de que los cubanos le han sacado tantos beneficios al exilio, las otras nacionalidades quieren hacer lo mismo, con razón o sin ella. El apoyo ilimitado que tuvieron los cubanos para salir de la Isla y establecerse en Estados Unidos como *exiliados,* es algo que las otras nacionalidades resienten profundamente. Quieren disfrutar de los mismos beneficios. Tienen algo de razón. ¿Por qué ese privilegio con los cubanos?

Lo que no entienden estas gentes es que las ventajas que han tenido los cubanos hay que atribuirlas al estatus semicolonial que tenía Cuba antes de la revolución. Cuando llega la revolución al poder y rompe con Washington, era inevitable que se le diera asilo a los cubanos que, hasta ese momento, formaban la *élite* de la colonia. Los primeros que huyen y le exigen protección a Washington son los integrantes de las clases altas y los miembros del gobierno derrocado el 1º de enero de 1959. Es decir, los aliados naturales de la Metrópoli. El cubano entró en Estados Unidos, a partir del 1º de enero, por derecho propio, con la cabeza muy alta, y se sentía parte del país que le daba asilo. A partir de aquel momento fue que se organizó la comunidad *exiliada* en Estados Unidos. El perfil político de la comunidad quedó definido desde el primer momento. El crecimiento posterior, hasta hoy, se debe al atractivo de las ventajas económicas que se le ofrecían al cubano que "escogía la libertad". Miles de cubanos, atraídos por los beneficios económicos, han seguido el mismo camino.

Hay varios tipos de *exiliados cubanos*. El primer grupo lo forman los que cometieron hechos de sangre en el gobierno anterior y que tienen causas pendientes en Cuba. Esos no tienen regreso. El gobierno de Cuba, en los primeros tiempos, pidió la extradición de estas gentes. Washington se negó a hacerlo y les dio protección. Eso explica por qué Cuba se ha negado a devolver a gentes como Robert Vesco. Eso lo explicó muy bien el propio Castro, en la entrevista que le dio a la CNN, en Nueva York. El tratado de extradición que existía entre Cuba y Estados Unidos, perdió su vigencia por la negativa de Estados Unidos a devolver a los prófugos del gobierno de Batista.

A este grupo, curiosamente, se unen todos los desertores del gobierno revolucionario. Ahí está Carlos Franqui. Ahí está, por ejemplo, ese fabuloso personaje de opereta que se llama Guillermo Cabrera Infante, que se ha redondeado una buena fama presentándose como *perseguido por la tiranía*. Si Cabrerita no se hubiera encasquetado en la cabeza esa aureola de mártir del castrismo, estaría deambulando por la Calle Ocho de Miami, muerto de hambre. Todo lo que ha logrado en la vida se lo debe a Castro. Él va por la vida contando su terrible odisea. Es una especie de Juan Montalvo cubano. Él aspira a matar a Castro con su pluma. Es un sueño, pero, sin duda, un bello sueño. Lo mismo le ocurre a Carlos Franqui, que le ha sacado partido a su antigua vinculación con Castro.

Ni los viejos batistianos, ni los desertores (también viejos), tienen regreso a Cuba. Para hacerlo necesitan que corran ríos de sangre en la Isla y que los soldados americanos patrullen las calles. Eso explica la intransigencia de estas gentes. Casi todos estos locutores rabiosos de Miami fueron, en un tiempo, miembros del aparato de propaganda del gobierno y desertaron. Tampoco tienen regreso.

Ahora bien, existe un segundo grupo, enorme, de aquellos que se fueron de Cuba porque les dio la gana, porque no les gustaba aquello, porque creían que podrían vivir mejor en Estados Unidos, porque andaban buscando empleo, por razones familiares, etcétera. Todas estas gentes se incorporaron a la mitología del exilio, creada por los primeros elementos, y se disfrazaron de exiliados. Ninguna de estas gentes tienen problemas en Cuba y se ha estado demostrando en los últimos tiempos con los viajes a la Isla. Miles de cubanos, que en un tiempo se consideraron exiliados, han regresado a la Isla en viajes de visita, y no han tenido problemas de ninguna clase. Ya no son técnicamente exiliados. En la misma medida en que crece este grupo que viaja a la Isla, se va diluyendo la farsa del exilio cubano. Los locutores tremendistas se van quedando sin clientela. La fundación Cubano-Americana ya parece más un club de albañiles retirados, dedicados a la tarea de sobornar a los políticos americanos con el fin de buscar buenos contratos, que una organización política. Con el tiempo, casi todos se largarán para Cuba a hacer buenos negocios.

Hace pocos días yo estaba oyendo a un médico cubano que estaba hablando por la radio como invitado a una de las famosas tertulias diarias. El hombre estaba hablando de Cuba con una suficiencia impresionante. El locutor decía "doctor para aquí, doctor para allá", indagando su sesuda opinión sobre la situación del exilio cubano, etcétera. El médico lo que proponía era que todos los cubanos olvidaran sus diferencias y se unieran en un sólo bloque, idea genial, como se puede ver. Inclusive, protestaba de que muchos cubanos estuvieran enfermos de un incontenible afán de protagonismo. Sin darse cuenta de que él mismo estaba padeciendo la dolencia de que hablaba.

Ahora bien, este médico tipifica un cierto ejemplar del exilio. Este médico, probablemente, en la Cuba anterior a la revolución, era un hombre de recursos limitados, dedicado a su profesión y hasta posiblemente a una cátedra. Dentro de sus medios económicos reducidos, como médico, el hombre probablemente se sentía feliz. Tal vez nunca se preocupó por la política, ni por la cultura, ni por nada. ¿Cuánto ganaría este pobre médico en Cuba? ¿Veinte mil dólares al año? Tal vez. O a lo mejor mucho menos. Lo más probable es que, como tantos miles, haya aprovechado la coyuntura de la revolución para emigrar hacia Estados Unidos. Tal vez con la esperanza de poder ejercer su profesión. ¿Cuántos años lleva en Estados Unidos, disfrutando de las maravillas del Medicare[4] y del Medicaid[5]? Tal vez 30 años.

En estos momentos, gracias a los estupendos programas federales, el médico ya debe ser millonario. Con diez cubículos en sus oficinas (que más bien parecen establos) el médico consulta simultáneamente a diez pacientes cada vez, y le pasa cuentas al gobierno, probablemente por más de 10 000 dólares diarios. No hay duda. Es un negocio estupendo. ¿No es evidente que este médico tiene que darle gracias a Fidel Castro por haberle proporcionado la oportunidad de hacerse millonario en Estados Unidos?

Y, sin embargo, el médico va a la radio, posa de gran personaje, habla de la situación cubana con suficiencia, emite pronósticos tan disparatados como sus propios diagnósticos y se erige en dirigente del exilio cubano. Este fenómeno se da en muchas gentes. Individuos que han logrado convertirse en personajes gracias a la revolución son los más intransigentes a la hora de hablar del problema cubano. ¿Qué sería de Mas Canosa, si gracias a la revolución no hubiera salido de Cuba? Estaría,

4 Programa Federal del seguro médico.

5 Asistencia médica de cada Estado.

probablemente, en el Parque Céspedes de Santiago de Cuba, sentado en un banco, rodeado de un grupo de amiguitos, hablando de la última película de vaqueros.

Es decir, el exilio ha sido un buen pretexto para que muchas gentes se hayan desarrollado en un sistema económico muy superior al de Cuba y que ofrece excelentes oportunidades. Lo que no es aceptable es que estas gentes pronuncien arengas hablando del "duro pan del exilio". Lo más gracioso de todo esto es que aquellos que de verdad se han comido "el duro pan" y no han prosperado en el destierro, esos prefieren no hablar. Y debe tenerse en cuenta que por cada uno que ha triunfado, hay veinte que han fracasado. Miles de cubanos honestos han muerto en Estados Unidos, devorados por la tristeza del destierro. Otros miles sufren todavía las amarguras del alejamiento de la Isla. Pero éstos no hablan, ni ejercen como líderes, ni forman grupos, ni van a los mítines. Es una masa silenciosa. Sobre este tema tan complejo se podrían escribir varios libros.

Diario *La Prensa*, 1995

HISTORIA DE CAMILO Y EL INQUISIDOR

Hace dos o tres semanas llegó a Miami, desde Cuba, un hombre de 34 años llamado, si no me equivoco, Camilo Egaña. Este hombre, que había nacido en la Isla tres años después del triunfo de la revolución, se dedicaba a cosas de radio y televisión. Al parecer, su cuerda era la música, el arte y cosas así. No tenía nada que ver con la política. No tenía historia. No era un disidente. Tampoco había sido funcionaro del gobierno. Eso sí, a los 17 años había sido enviado a Angola como soldado. Con el tiempo, como tantos otros, decidió irse de Cuba en busca de mejores horizontes. Y entonces logró un milagro. Se sacó una visa en la rifa que hace Estados Unidos todos los años. Y se embarcó para Miami. No tuvo problemas al salir. Yo creo que en Cuba ya no le ponen obstáculos a nadie para que se vaya, lo cual revela cierta madurez. La cosa más estúpida del mundo es ponerle obstáculos a un ser humano para irse de su país cuando le dé la gana.

Yo creo que hay mucha gente en Cuba, que quiere irse, y por diversas razones. Me imagino que son más los que quieren quedarse. Pero eso mismo ocurre en cada uno de los países de América Latina. La diferencia está en que los que llegan a Estados Unidos, procedentes de cualquiera de las repúblicas del sur, no tienen necesidad de inventar historias macabras para justificarse. No es necesario. Nadie se los exige. En el caso de los cubanos, sin embargo, se ha establecido una especie de aduana, que administran los sinvergüenzas de Miami, para obligar a los recién llegados a demostrar la pureza de sangre. Si usted al llegar, no se apresura a meter una historia tremebunda sobre los horrores de la tiranía castrista, entonces los vecinos, y los periodistas, y los locutores de radio, y hasta el bodeguero de la esquina, todos se confabulan para denunciar al recién llegado como un tipo sospechoso.

En Madrid, en un tiempo, en todos los edificios había un letrerito que decía: "No pase sin hablar con el portero". En Miami ocurre algo parecido. No se puede entrar, y vivir, si no se obtiene en la radio un certificado de pureza de sangre. Es lo mismo que hacía la Inquisición en España en los tiempos en que la sangre judía significaba una condena a muerte.

Camilo Egaña, el joven recién llegado a Miami, probablemente porque quería trabajar en radio, decidió ir a un programa para dar sus explicaciones y ver si se le perdonaban su "pasado" en Cuba.

Entonces Camilo se las arregló para ser invitado al programa del Cancerbero Mayor, un septuagenario con un pasado horroroso al servicio del gobierno de Cuba años atrás, y se dispuso a someterse al interrogatorio.

Yo oí el programa con algo de náusea. Supongo que aquellos silenciosos espectadores que acudían a las salas de la Santa Inquisición para presenciar los juicios debieron sentirse tan estragados como yo.

El locutor le cayó arriba al muchacho con una amenaza: "Usted sabe que no se puede llegar a Miami, o pasar por aquí sin tomar partido por la sagrada causa de la libertad de Cuba".

El muchacho, con una forma culta de expresión que contrastaba con la pedestre y atropellada del Inquisidor, trató de explicar que él no era un personaje de la política, que, claro, él no estaba de acuerdo con las cosas, que el Comandante no era santo de su devoción, etcétera. Pero el Inquisidor quería sangre. Quería expresiones violentas. Estaba ansioso de que el muchacho se refiriera a los horrores de la tiranía. Pero no lo lograba. El muchacho empezó a tartamudear. No sabía qué decir. Vacilaba.

Entonces el locutor lo enfrentó al caso de Rosita Fornés. "Vamos a ver, ¿qué opina usted de Rosita Fornés?" Ahora en Miami el caso de Rosita se ha convertido en la clave de todo. Si usted cree que la pobre mujer debe cantar, entonces usted es un canalla. Si usted pide la cabeza de Rosita, entonces usted tiene derecho a la vida. Todo el bestiario de Miami anda detrás de la pobre mujer.

Entonces el muchacho dijo que no creía que Rosita fuera tan importante, que en Cuba nadie hablaba de ella, que no creía que fuera necesario perseguir a Rosita. No fue una defensa. Fue un ademán de sorpresa. Evidentemente, recién llegado a Miami, no podía entender cómo le daban tanta importancia a Rosita.

El Inquisidor se enfureció. "¡Pero es que no se puede venir a Miami a hacer lo que hace Rosita!" Y en vista de que no le sacaba al muchacho una declaración sangrienta con la vedette, el locutor se lanzó al tema de Angola. Era necesario que el interrogado explicara cómo era posible que hubiera sido soldado en Angola. "Bueno, yo tenía 17 años, no tenía nada que hacer, y me fui a Angola como soldado". Le dijo sencillamente, como la cosa más natural del mundo. Miles, muchos, han estado en Angola. No se sienten culpables de nada.

Miami está llena de tipos (como el mismo locutor) que gozaban de lo lindo cuando la revolución estaba en el período de los fusilamientos y ahora son los más severos en juzgar a la nueva generación.

Entonces el locutor abrió los micrófonos para que la chusma se diera banquete con el ex soldado de Angola. Eso se hace todos los días. Y llamó un tipo, lleno de rabia patriótica, y acusó al muchacho de ser un malvado que peleó al servicio de la Unión Soviética. La víctima del sacrificio ritual trató de explicar que no era así. Pero entonces llamó una vieja y comenzó a dar gritos pidiendo la cabeza del muchacho.

De pronto se restableció la calma. Descendió de las alturas la voz de un anciano que disfruta de gran prestigio en los medios selváticos de Miami y pronunció una sentencia en tono bíblico. "Yo le abro los brazos a este muchacho y digo que todos debemos perdonarle. Que tire la primera piedra el que esté libre de culpa".

Fue una cosa profundamente ridícula, a la manera cubana. Pero, de todos modos, el profeta, probablemente avergonzado del sucio espectáculo había hecho algo hermoso. Había perdonado. No se sabe qué, pero había perdonado, tal vez para que le perdonaran sus propios pecados, que son muchos. El programa continuó unos minutos más y otros viejos, tan pecadores como el primero, llamaron para perdonarle la vida al muchacho que había nacido tres años después del triunfo de la revolución y había estado en Angola. El inquisidor estaba perplejo. Se le había escapado una víctima.

Al final, todo terminó en medio de abrazos y salutaciones. Había sido un espectáculo grotesco y brutal, pero, por suerte, terminó bien. Camilo Egaña había sido aceptado. Dentro de un año, si Dios no lo impide, estará, tal vez, dando gritos contra la horrorosa tiranía de Cuba. Porque hay que comer.

Diario La Prensa, 1996

EL NACIONALISMO CUBANO ESTÁ VIVO

Hace pocos días, el 1º de Mayo, se presentó un contraste muy curioso en el confuso panorama cubano. Es decir, entre la realidad y la propaganda. Entre lo que ocurre en Cuba y lo que se hace en el exterior. La CBS ofreció unas vistas de la parada del 1º de Mayo en La Habana, que deben haber sorprendido a muchas gentes. ¿Cómo explicar ese torrente humano que se vio en la pantalla de la televisión si se arranca de la noción, tan difundida entre los cubanos de Miami y otros lugares, de que el régimen de Castro está agonizando? ¿Quién está agonizando y cómo? ¿Cómo es posible que 37 años después del triunfo de la revolución, con todo el desgaste que una revolución lleva aparejado, se pueda organizar una marcha tan abrumadora? ¿Cómo se explica esto?

Y véase el contraste. A doce millas del Malecón de La Habana, se presentaron tres barquitos, protegidos por un guardacostas americano, para depositar (por centésima vez) unas flores en honor de los pilotos muertos el 24 de febrero. Y, además, para enviar unos globitos hacia la costa. ¿Cuántos patriotas cubano-americanos estuvieron presentes en el acto de recordación? Nada más que 23.

Es decir, hay un contraste brutal. En la Isla, tal vez un millón de almas en La Habana y otro tanto en el interior del país, se moviliza para protestar contra la Ley Helms-Burton, que es una versión aumentada y corregida de la Enmienda Platt, y afuera, en eso que llaman exilio, 23 ciudadanos americanos se presentan a doce millas de las costas de Cuba para dejar un mensaje de apoyo a esa misma ley.

¿Podría decirse que el millón de cubanos que se movilizó en La Habana para protestar contra la ley Helms-Burton son partidarios fervientes de la revolución? Yo quiero ser objetivo. Yo no soy partidario de la revolución, cosa evidente por mi historia personal, y, sin embargo, estoy protestando contra la ley Helms-Burton, que es una afrenta a Cuba. Debo suponer que lo que provocó la gigantesca movilización en toda la Isla fue, precisamente, la indignación que siente el pueblo cubano contra la conducta de Estados Unidos. Ni afirmo ni niego. Me atengo a los hechos. Es posible que la revolución, el castrismo, el comunismo y todo lo demás, estén quedando al margen y lo que se impone hoy es la cólera de un pueblo al que se quiere someter. Por otro lado, no se puede negar, objetivamente, que Castro encarna, en este momento, el espíritu de resistencia del pueblo cubano. La mala política de Estados Unidos en el caso de Cuba nos ha traído a una situación paradójica. De hecho, nos guste o no, la *historia está absolviendo a Castro*.

Se entiende la cólera del pueblo cubano, que lleva 37 años sometido a una guerra brutal que se lleva a cabo desde Estados Unidos. Pero lo que no es fácil de descifrar es el caso de estos "Cuban-Americans" que salen a recaudar miles de dólares para organizar un acto de protesta a 12 millas de las costas de Cuba y luego se aparecen allí para enviar globitos hacia la Isla. ¿Qué clase de individuos son estos cubanos naturalizados? Yo entiendo a Mas Canosa que es un aventurero que se ha hecho multimillonario con el negocio de Cuba, pero no entiendo a estas gentes que dan gritos de guerra y mandan globos. Entiendo a los locutores que ganan sueldos enormes y hacen colectas millonarias, pero no entiendo a este tipo de cubano desarraigado que anda con unos barquitos merodeando en torno a las aguas cubanas. Es posible que sean sinceros. Pero, eso no basta. Se puede ser muy sincero, pero, además, ser tonto. ¿Tienen ideales? Es posible. ¿Pero qué ideales son estos que están ayunos de ideas? Cuando las simples consignas que emanan de la propaganda se convierten en ideales es obvio que las cosas van mal.

Hace pocos días el presidente Clinton vino a Miami para buscar dinero y votos. Hubo una comida, en un hotel para recaudar fondos. El cubierto costaba 1 500 dólares. En su discurso, el Presidente cometió el error de mencionar la ley Helms-Burton, pensando, tal vez, que los asistentes eran todos miembros del circo cubano de Miami. La reacción de los asistentes fue sorprendente. Clinton fue abucheado. Es decir, hay un sector importante en Miami que entiende que es correcto apoyar a Clinton y pagar 1 500 dólares en una comida de recaudación de fondos, pero la Ley Helms-Burton no disfruta de muchas simpatías entre los cubanos inteligentes. En rigor, se trata de una ley pagada por un grupo de millonarios cubanos de la Florida para defender sus propios intereses, y son pocos los que están dispuestos a apoyarla. Salvo una minoría vociferante que vive del negocio del anti-castrismo, y que opera en la radio y en los diarios, el resto es una mayoría silenciosa que aspira a ver que el problema de Cuba se resuelve en forma racional y que se restablezcan relaciones normales entre Cuba y Estados Unidos.

Es curiosa la reacción de la prensa frente al caso de la marcha que se hizo en La Habana contra la ley Helms-Burton. La fotografía donde se ve el río humano que desfiló con pancartas de protesta fue publicada por el *Herald* en inglés en la página 18. El suplemento en español omitió la foto. Los otros medios en español hicieron lo mismo. No les gusta admitir que la realidad está contra la propaganda.

Diario *La Prensa*, 1996

LA LOCURA DE CASTRO

Hace pocos días dos de los personajes más notorios del estrecho mundo cubano de Miami estaban intercambiando elogios en un programa de radio que se trasmite diariamente y en el cual es muy difícil que se produzca nunca una sorpresa. Los personajes que asisten al programa en busca de publicidad repiten siempre lo mismo. No hay variaciones. No hay imaginación. Se elogian unos a otros con un tesón admirable. "Tú eres el periodista más grande que ha dado Cuba", dice uno. "¡No, no, eso es nada! Tú sí eres un gran escritor (...)", dice el otro. Otras veces se trata de economistas que siempre predicen lo mismo. "Esto es el final. Ya Cuba no puede sobrevivir al desastre económico", dice uno de los economistas, que lleva 37 años lanzando profecías catastróficas. Algunas veces va un cura, que suplica que le manden dinero para levantar una capilla, y nunca deja de advertir que ya se ve la luz al final del túnel. Estos programas de radio hay que oírlos para entender hasta dónde ha bajado el nivel intelectual de los cubanos que forman el sórdido mundillo del Miami anti-castrista. En un tiempo, ya remoto, todavía existían cubanos que se respetaban y algunos hasta se inmolaban por una causa. Hoy ya nadie se inmola por nada. Lo que importa es el cash. Los que brillan en la superficie son los mataperros que andan corriendo detrás de los dólares y que no son capaces de producir una idea.

Los dos notorios personajes que mencioné más arriba, después de pasar una hora hablando de lo mismo, llegaron a una conclusión. "Castro está loco", dijo el escritor. Y el otro se afilió a la tesis con entusiasmo.

Y esto fue lo que me llamó la atención. Yo no creo que Castro se vaya molestar porque lo llamen nada más que loco. Estar loco no es nada denigrante. Al contrario. La historia está poblada de locos que terminaron convertidos en estatuas. Lo interesante es saber por qué los dos personajes llegan a la conclusión de que el hombre está loco.

¿En qué consiste esta locura? ¿Cuáles son los signos externos del trastorno mental? Es posible que ese diagnóstico se base en el hecho de que, durante 37 años, Castro no ha cedido en nada. Es decir, ha sido intransigente. No ha aceptado las presiones de Estados Unidos. Ha resistido con una decisión admirable. Se ha enfrentado siempre a la realidad. Opera desde una sobrerealidad que choca con la costumbre.

Ésto es nuevo en Cuba. Ésto es algo que representa un viraje total en la Historia de Cuba. Si nos adentramos un poco en el pasado, podremos entender la locura de Castro. En 1900, más o menos, el gobernador militar de

Cuba, Leonardo Wood, les dijo a los patriotas cubanos que o aceptaban la Enmienda Platt, que echaba por tierra los sueños de independencia, o de lo contrario seguiría la intervención de Estados Unidos y no habría república para nadie. Fue un planteamiento brutal. Los patriotas cubanos que escucharon al general Wood decirles, crudamente, que si no aceptaban el yugo se quedarían sin república se miraron asombrados. En aquel instante se decidió el destino de Cuba. No hubo un loco que se atreviera a decirle al Gobernador que si no se marchaba de Cuba con sus soldados los cubanos reanudarían la guerra inmediatamente. Los historiadores que hablan del episodio dicen que "los cubanos se vieron obligados a aceptar la Enmienda Platt para salvar la república y porque primó en ellos el sentido común y el amor por la patria".

Yo nunca he entendido aquello. Siempre, desde niño, me pareció que aquellos patriotas cubanos se habían equivocado. Supongo que Castro aprendió historia, de niño, en los mismos textos míos.

La Historia de Cuba, desde sus orígenes, y aún desde el siglo anterior, ha estado presidida por un criterio de que hay que aceptar la realidad. Es decir, hay que ceder a la presión del país del norte. Hay que aceptar la tutela, "por el bien de la patria".

La clase de los hacendados azucareros, que fue siempre funesta para Cuba desde la colonia, estuvo siempre dispuesta a aceptar todas las presiones de Washington con tal de salvar la zafra y el precio. Fueron los hacendados y los agentes del comercio importador los que llamaban loco a Martí porque se atrevía a hablar de soberanía e independencia. Lo que querían era que Cuba entrara a formar parte, de algún modo, no importa cuál, de Estados Unidos. Lo demás eran locuras.

Ese mismo tipo de gente, los azucareros, los licoreros, con todas sus variantes, son los que ahora pagan buenas contribuciones electorales a políticos americanos para sacar adelante la Ley Helms-Burton que les garantiza el control de Estados Unidos sobre la Isla. ¿Acaso van a exponerse a que surja en Cuba un gobierno, en el futuro, y que sean los tribunales cubanos los que decidan el destino de las propiedades confiscadas por la revolución? Eso nunca. Eso es inadmisible. He aquí por qué, siempre previsores, se gastan miles de dólares con los candidatos americanos para asegurar una ley que establece que serán los tribunales de Estados Unidos los que tramitarán las reclamaciones. Es decir, el próximo gobierno de Cuba tendrá que aceptar el fallo de jueces extranjeros. La Ley Helms-Burton es el caso más repugnante de presión extraterritorial. Solamente un personaje tan siniestro como el senador de North Carolina, manejado por intereses tabacaleros, enemigo de los cubanos, podría prestarse a promover una legislación que supera en arrogancia al episodio de la Enmienda Platt.

Estas gentes dicen que Castro está loco porque se niega a aceptar que se aparezcan en Cuba unos personajes de la Unión Europea a decirle que si no hace las reformas que quieren los cubanos de Miami entonces no van a comerciar con Cuba. En rigor, es una insolencia tratar de forzar a un país a cambiar su orientación a cambio de ventajas comerciales. Los europeos, sin duda, están influenciados por Estados Unidos.

Se acusa a Castro, y se le tilda de loco, porque es intransigente. Acostumbrados como estamos los cubanos a que los embajadores americanos en Cuba les daban órdenes a los presidentes para que se marcharan, como ocurrió en el caso de Batista, y también en el de

Machado, nos parece una herejía que Castro se niegue, tercamente, a obedecer las órdenes de Washington. Castro está loco, seguramente, porque se ha negado siempre a dialogar con los grupos de cubanos de Miami. ¿Pero qué es lo que va a dialogar? Estos grupos están formados por ciudadanos americanos manejados por Washington. Se trata de gentes de negocios que le han sacado excelentes beneficios a la supuesta lucha contra el comunismo. No hay nada que dialogar con ellos. Castro está loco porque su gobierno, después de hacer muchas advertencias a Washington, derribó dos avionetas tripuladas por unos pobres muchachos que fueron empujados a la muerte por gentes cuyo principal negocio es la recaudación. Han tejido una novela en torno al incidente de las avionetas y están explotando a los pobres mártires. No se ocultan para decir, en privado, que fue una suerte para los que propugnan la Ley Helms-Burton que las avionetas fueran derribadas. Claro que sí. Aun en la radio se les ha escapado la expresión de que "fue una suerte".

¿Hasta dónde llega la locura de Castro? Yo no conozco su pensamiento. Lo juzgo por los hechos de su historia. Pero creo que su resuelta oposición a ceder ante cualquier presión tiene una base lógica. Es decir, muy racional. El poder que ejerce no es militar, porque Cuba no es una potencia. Es un poder de tipo moral que emana de su intransigencia y de su decisión de no aceptar que Estados Unidos le ponga condiciones de ninguna clase. Lo que ha estado exigiendo siempre es que a Cuba se le trate con respeto. La arrogancia de Estados Unidos en el caso de Cuba, durante 9 presidentes, es inaceptable para alguien que tenga un poco de sensibilidad nacional. Solamente estos cubanos de Miami (los que vociferan) y que llevan años operando como agentes de los americanos, son capaces de ver con alegría y satisfacción que Cuba sea tratada a la patada.

Si Estados Unidos, después de la funesta conducta de 9 presidentes, desde Eisenhower hasta Clinton, decidieran sacar las manos de Cuba y renunciar a una política de exterminio que los ha desprestigiado en el mundo entero, ¿seguirían tropezando con la intransigencia de Castro? Es obvio que no. Y hay datos históricos que revelan en este hombre una disposición para llegar a acuerdos racionales que no representen condiciones humillantes.

En 1961, poco después del fracaso de la estúpida aventura de Bahía de Cochinos, el Che Guevara sostuvo una entrevista con Richard Goodwin en Punta del Este. Documentos recientemente revelados en Washington explican lo que se trató en la entrevista. Goodwin, uno de los asesores de Kennedy, le envió un memorándum al Presidente relatando la propuesta del Che. Cuba estaba en disposición de no avanzar en negociaciones con la Unión Soviética y llegar a un *modus vivendi* con Estados Unidos por las confiscaciones hechas a las compañías americanas. También se comprometía Cuba a no estimular las insurgencias en la América Latina. ¿A cambio de qué? De que cesara la hostilidad de Estados Unidos hacia Cuba. "La Revolución es irreversible", dijo el Che. Sin embargo, era posible buscar fórmulas de entendimiento si Estados Unidos respetaba a Cuba. Lo que estaba proponiendo el Che era, precisamente, que Washington respetara la autodeterminación del pueblo de Cuba. Que renunciara a la guerra de exterminio en que se había empeñado.

¿Cuál fue la reacción a una propuesta semejante? Goodwin, en su reporte, le aconseja a Kennedy que intensificara las presiones económicas. Es decir, ya en

1961 aún cuando Cuba todavía no estaba en el bloque soviético, se prefirió la violencia a la diplomacia. Kennedy se dedicó, desde entonces, a procurar el asesinato de Castro. Es evidente que el error mayor de Kennedy no fue la fracasada expedición de Bahía de Cochinos sino haber resuelto que a Castro era necesario liquidarlo con presiones económicas, o mediante un atentado. Los resultados de aquella torpe decisión están a la vista. Cuba ha sido arruinada. Y el prestigio de Estados Unidos está por los suelos. Nunca se ha dado en la historia el caso de un país tan poderoso como Estados Unidos empeñando toda su fuerza para arruinar a una isla indefensa solamente para darle gusto a la arrogancia americana. Éso es incomprensible.

Yo no creo en la locura de Castro. Su intransigencia tiene una base racional. Los que hablan de arreglos y reformas democráticas no saben nada de la Historia de Cuba en sus relaciones con Estados Unidos. La más leve cesión por parte de Castro abriría el camino para un proceso de subversión y soborno manejados desde Estados Unidos para desarticular al gobierno. El soborno ha sido siempre un arma formidable en Cuba. La historia está llena de antecedentes que confirman lo que digo. La creación del vasto aparato de Miami es producto del soborno. Los primeros anti-castristas fueron comprados en forma escandalosa. Y todavía sigue fluyendo el dinero.

Yo soy de los que creen, y me baso en un análisis muy sobrio, que para negociar con Castro Estados Unidos tiene que olvidarse de la idea de los *pasos calibrados*. Tienen que proceder en forma unilateral a desmantelar la guerra contra Cuba, sin condiciones. Tiene que tratar de convertir a Cuba en un aliado y olvidarse del propósito de tratarla como un país vasallo. Mi opinión es que después de ésto, en pocos años, muy pocos, la generación que fundó la revolución, incluyendo a Castro le cedería el paso a una nueva generación que está esperando su turno en el poder. Los únicos que se podrían oponer a ésto, sería los Grupos mafiosos de Miami que aspiran a tomar el poder en la Isla para repartirse el botín y declarar tres días de matanza libre, como proclaman por la radio. La alternativa para Estados Unidos es muy grave. Es una situación caótica a 90 millas de sus costas. Y es una invasión de millones de seres humanos provenientes de la Isla en llamas. En 37 años el problema de Cuba ha destruido el tejido social en el sur de la Florida. No hay ciudad en la Florida que no haya sufrido el impacto de la inmigración cubana la cual le ha abierto el camino a las otras nacionalidades del Caribe. Los resultados están a la vista. Ansiosos de retener un territorio que no les pertenece están perdiendo otro que sí es propio.

Revista *Contrapunto*, 1996

EL CAMINO DE LA PAZ

El arma más poderosa que está utilizando Estados Unidos en su guerra contra Cuba no es el bloqueo y ni siquiera la ley Helms-Burton. Estos dos instrumentos han fracasado porque son demasiado brutales. Tampoco han funcionado los financiamientos secretos para provocar una sublevación interna. Las demencias sobre violaciones de los derechos humanos ya no tienen ninguna eficacia. Han perdido credibilidad. Lo que sí parece tener algún impacto es la campaña para que en el mundo entero aparezcan gente que le pidan a Castro que avance en el terreno de las reformas políticas. Es decir, que democratice el país. Hasta la viuda de Allende, en Chile, cayó en la trampa. Ésto, por supuesto, responde a una estrategia que se basa en la mala información que se difunde sobre Cuba.

Pero, además, es una idea atractiva para gentes que no están familiarizadas con la peculiar situación de Cuba. ¿Por qué no celebrar elecciones? ¿Por qué no permitir que se formen partidos políticos? ¿Por qué no buscar una reconciliación con los cubanos del exilio? ¿Por qué no permitir, por ejemplo, que el mismo *Herald* publique una edición en Cuba?

Me imagino que en las reuniones internacionales muchos jefes de Estado y dirigentes políticos le hacen estas sugerencias a Castro. Es posible que algunos lo hagan ingenuamente y por ignorancia. Otros, tal vez, por manifiesta complicidad con Estados Unidos. El caso de José María Aznar es obvio. Hizo su campaña en España con dinero de los cubanos millonarios de Miami y viajó por el mundo entero en el jet privado de Mas Canosa. Es natural que trate de servir a los que le pagaron la campaña. Pero es también aceptable que muchas gentes, de buena fe, vean en la democratización una buena solución. Es una idea, además, muy americana. La negativa de Castro a una cosa tan simple parece intransigencia y tozudez.

Lo que no entienden es que la situación de Cuba, a las puertas de Estados Unidos y en rebeldía contra la tutela americana, es muy distinta a la de otros países de la América Latina. La Isla es casi una prolongación del territorio americano. Cuba, como afirman algunos dirigentes políticos de Estados Unidos, es casi *un problema doméstico*. Como decía el argentino Ezequiel Estrada, Cuba es a Estados Unidos lo que fue Argelia para Francia.

Independizar a Cuba de la influencia americana es entendido en algunos sectores como una mutilación. En Washington no hay ningún hombre del calibre intelectual de Charles De Gaulle como para entender que tienen que soltar a la Isla y dejarla tranquila. La política exterior americana es cada vez más torpe.

Toda la Historia de Cuba durante los siglos XIX y XX consiste en un penoso esfuerzo para librarse de España sin caer en las garras de Washington. Esa fue la obsesión de Martí. Lamentablemente, siempre ha existido un sector importante de la población cubana, sobre todo en las clases altas y en los sectores económicos, que ha sido partidario de mantener a Cuba como un *apéndice* de Estados Unidos. Esta idea la ha expresado, en forma cabal, un individuo como Carlos Alberto Montaner, que no oculta sus tendencias más o menos anexionistas. Siempre hubo en Cuba elementos partidarios del sometimiento de la Isla a Washington. Eso es lo que hoy llaman *liberación*.

Si Cuba estuviera geográficamente donde está Chile o donde está Argentina, o en el Perú, la cosa sería distinta. La distancia es un escudo. La proximidad al país del norte es una desgracia para Cuba. Si Castro se lanzara a llevar a cabo reformas políticas como las que se le exigen en forma arrogante, y como desconociendo el derecho a la libre determinación o si cediera en algún punto, inmediatamente sería invadido el país por legiones de cubanos que operarían como agentes de Estados Unidos para crear el caos. Hay casi dos millones de cubanos, en el exterior, disfrazados de exiliados políticos y dispuestos a hacerse cómplices de los americanos en una campaña de subversión interna. En cuanto se abra una brecha en Cuba, el país, quedaría a merced de estas hordas financiadas por el país del norte. No es cierto que la intención de estas gentes sea obtener reformas políticas para avanzar hacia una normalización. La intención es echar bajo todo lo que se ha hecho durante 38 años y devolverle la Isla a Estados Unidos.

Ya hay experiencias en el pasado de la Isla que revelan que esto es así. Toda la generación que luchó en la manigua para obtener la independencia fue *controlada*, a partir de 1898, para imponer la dominación americana. No hubo, en aquel momento, *la intransigencia* que existe hoy en Cuba. Fueron gentes que, a pesar de tener el cuerpo lleno de las cicatrices de la guerra, se sometieron al invasor. Ocurrió lo mismo en el año 1933, cuando hubo un brote revolucionario. Compraron a Batista para controlar el orden e imponer la tutela.

Es decir, la intransigencia de Castro tiene raíces históricas y emana directamente del ideario de Martí. Esto es obvio. Eso es lo que le da respetabilidad a Castro en el mundo entero.

Un análisis frío permite entender que en Cuba son imposibles las reformas políticas mientras Estados Unidos mantenga la política de acabar con la revolución. No importa si ésta ha triunfado o ha fracasado. El hecho concreto es que la tragedia de Cuba se debe, en gran parte, a la brutal presión de Estados Unidos. Ésto es algo que debieran entender los que se afilian a la tesis absurda de la *democratización*. En vez de exigirle a Castro que cambie y se rinda lo que tienen que hacer es exigirle a Estados Unidos que saquen las manos de Cuba y desbande a las hordas de Miami. *As simple as that*. Los que están atravesados en la democratización de Cuba son los dirigentes políticos americanos.

Obsérvese un caso muy curioso que revela la imposibilidad de introducir cambios en Cuba mientras exista una guerra contra la Isla. *El Miami Herald* se ha convertido, de hecho, en el órgano que maneja toda la información contra Cuba. Es el que lleva la voz cantante en la desinformación que nutre a las estaciones de radio. Los que escriben los editoriales en inglés del *Herald* son elementos cubanos que operan en el marco de los grupos de Miami.

Los editoriales del *Herald* sobre Cuba carecen de toda objetividad. Son proclamas políticas. Hace pocos días apareció un editorial en el que se daba a Castro por definitivamente perdido y al borde del colapso. ¿Por qué? Simplemente, porque había accedido a permitir que circularan tarjetas de Navidad en el país y porque había permitido la entrada de 40 sacerdotes y monjas.

Esto se interpreta como un gesto de debilidad de la revolución. Dos cosas tan simples como ésa le sirven al editorialista para apresurar a extenderle el certificado de defunción a la revolución. ¿Qué pasaría si en Cuba se convoca a unas elecciones supervisadas por agentes americanos, como ocurrió en Nicaragua? ¿Qué cosa es Carter sino un ex presidente americano? ¿Cómo se interpretaría el hecho de que en Cuba se iniciaran reformas políticas de cierta profundidad? ¿Cómo avanzar hacia las reformas mientras el país esté sometido a una especie de guerra de exterminio?

No hay la menor duda de que el obstáculo principal para una real democratización de la Isla reside en el empecinamiento de Estados Unidos en querer poner de rodillas a Castro y en la complicidad de los cubanos de Miami.

Diario de *La Prensa*, 1996

MIAMI: EL CREPÚSCULO DEL PATRIOTISMO

Ha sido un espectáculo muy curioso. Durante todo el mes de agosto pasado, y tal vez un poco antes, se ha visto a los cubanos de Miami correr de un lado a otro con pancartas, pararse en las esquinas a dar gritos, ir a la radio a lo mismo, gastarse millones de dólares para sacar adelante a sus candidatos, amenazarse unos a otros, sacarse los trapos sucios, llenar las ciudades de pasquines y, al final, se les ha visto caer extenuados por el enorme esfuerzo. Por un breve espacio de tiempo hemos visto como los habituales agitadores de la radio hicieron un alto en sus negocios y se dedicaron a la política local con entusiasmo. Ya no les interesaba tanto liberar a Cuba. Ya no lloraban ante los micrófonos. El *cash* estaba en otra parte. Ahora de lo que se trataba era de conquistar la alcaldía del Condado Dade con sus 4 000 millones de dólares de presupuesto. Los que no aspiraban tenían un amigo que sí aspiraba. O eran primos del candidato. De pronto, lo importante eran los miles de puestos, los contratos, los negocios, el *cash*.

Unos aspiraban a Comisionados. Otros al Congreso estatal. Hay mucho dinero de por medio. Los hay que quieren llegar al Congreso de Washington. Desde que tres cubanos sin méritos se colaron en Washington los otros quieren hacer lo mismo. Luego ha de venir la elección del presidente. Las grandes fortunas de los pícaros de Miami se hicieron durante los gobiernos republicanos de Nixon, Ford, Reagan y Bush. Ahora hay que apoyar a Dole para entrarle al *cash*. Otros se han empatado con Clinton.

Tomasito, uno de los más feroces combatientes por la libertad de Cuba, el ídolo de las viejas de Miami que oyen radio para no morirse de aburrimiento, de pronto cambió el rumbo. Descubrió que el negocio estaba en otra parte.

Hizo un alto en su dura brega patriótica y se lanzó como candidato a Comisionado por la ciudad de Miami. Y logró salir electo. Ha prometido, solemnemente, que desde la Cámara Municipal va a proponer fórmulas para acabar con Castro.

Ahora, en octubre, se va a decidir la alcaldía del Condado entre un cubano y un negro. Entre los dos se han gastado casi seis millones de dólares. ¿Quiénes aportan el dinero? Los constructores que hacen millones levantando casas de cartón y las compañías de seguros que saquean los bolsillos de las pobres gentes. Detrás de los candidatos están todos los que pelean por los contratos de fabricación y los suministradores. El alcalde del Condado de Dade va a manejar 4 mil millones de dólares. Es decir, y hay que entender ésto, es más negocio conquistar la alcaldía para organizar un vasto sistema de corrupción que "liberar" a Cuba y volver allá, con el cuchillo en la boca, para jugarse la vida en la conquista del dinero.

Es decir, se han pasado estas gentes más de tres décadas, casi 38 años, desgarrándose las vestiduras en todas las esquinas y exhibiéndose como víctimas de una probiosa tiranía, y al final todos han terminado como ciudadanos americanos y luchando por el poder político en el sur de la Florida y en Washington.

Los viejos cubanos que durante años se resistieron a solicitar la ciudadanía americana, porque decían que "ni muertos renunciaban a su patria", ahora van por millares a jurar la bandera americana. Las viejas lloran de emoción al recibir el certificado de naturalización. ¿Qué ha pasado? Simplemente, que si no se hacen ciudadanos van a perder los centenares de dólares que reciben mensualmente del gobierno americano.

Pero, eso sí, como dijo Mas Canosa: "Yo soy ciudadano americano, pero llevo, la ciudadanía cubana en el corazón". Tarro, diría un burlón. Éso forma parte de la farsa.

El exilio es una cosa muy seria. El verdadero desterrado, el que sale de su patria porque es perseguido y porque sus ideas políticas ponen en peligro su vida y la de su familia, sabe que no tiene más vida que la que podría recuperar con el regreso. No hay nada fuera de la patria que pueda servir de consuelo al desterrado que se queda con las raíces al aire. No tiene futuro. Su futuro es su pasado. No es cierto que el desterrado tenga que besar la tierra del país que le da asilo, como han hecho miles de cubanos a través de los años. La tierra del asilo no es la de la libertad. La libertad ha quedado atrás, es su pasado. Nadie es libre fuera de su tierra. La tierra que lo acoge es fea y dura, sobre todo si es tierra de otra lengua difícil. Por eso decía Martí que "nunca son más bellas las playas del destierro que cuando se les dice adiós". No son bellas cuando se llega a ellas. Lo son cuando las abandonamos.

Pero yo he visto, durante 38 años, a los cubanos llegar a las playas del destierro y maravillarse de lo bellas que las encontraban. Estas gentes, en su mayoría, vinieron a gozar de las playas. Es cierto que no todos han sido iguales. Yo he visto, desde 1959, a muchos desterrados verdaderos sufrir y morir en medio de una profunda desesperación. Los cementerios de Miami están llenos de gentes así. Ya van quedando pocos. Esas gentes humildes, viejos y viejas de voz temblorosa, que llaman a los sinvergüenzas que han montado la tarima del patriotismo en la radio para sacarles los centavos, no entienden que han sido víctimas de un fraude. Los locutores de la radio son hombres ricos que explotan la tristeza de los pobres seres abandonados en las casuchas de Miami.

Hace muchos años que los cubanos están viviendo una verdadera farsa política. No hay tal exilio. Han convertido la palabra en un sitio. "Aquí en el exilio", dicen, como si se tratara de un punto geográfico. No hay tal. El exilio, el destierro, es una tragedia. Es la muerte que se lleva por dentro. Es la pérdida de los hijos que les nacen híbridos y que llegan a despreciar a los padres que viven en el pasado. Es la pérdida de la lengua, que es la sangre que vivifica el alma. Lo más trágico que le puede ocurrir a un hombre es quedarse sin su lengua y sentir que la están destrozando en las calles.

Salvo una minoría, sobre todo la que arrrancó al principio cuando muchas gentes no pudieron aceptar los cambios que impuso la revolución, salvo esa minoría respetable, el resto de esto que llaman *exilio* es una burda emigración de tipo económico y político. Digo *político* porque hay un sector de la población cubana, y siempre lo hubo, que, instintivamente, tuvo agazapado el anhelo de trasladarse al norte. Lo que los retenía en la Isla era la imposibilidad de emigrar. La nuestra era una nacionalidad inconclusa. Una nacionalidad que, como se dijo, no cuajaba. No estábamos todos de acuerdo en la empresa nacional. La revolución ha servido de pretexto para huir. Pero es una fuga gozosa. Es un placer ir al norte. Es un placer dejar atrás la Isla. Es cierto, y hay que admitirlo, que han sido más los que han quedado que los que se han ido.

Pero los fugitivos han sido, en su mayoría, la gente más feliz del mundo. Se han encontrado a sí mismos en el exilio. Han empatado maravillosamente con el medio.

Los extranjeros que alguna vez se dejaron embaucar por los lagrimones que vierten los cubanos por el mundo entero se sorprenden cuando llegan a Miami y se enteran de lo felices que son los cubanos, de lo bien que viven algunos, de las fiestas que dan, de los carros que manejan, de las casas que tienen. No hay uno solo de los dirigentes del exilio cubano, me refiero a los principales, a los que más mean en la política, que no sea rico y, en algunos casos, millonarios. La Fundación Nacional Cubano Americana es un club de millonarios que exhiben descaradamente sus riquezas y se dan golpes de pecho. (Los balseros venden churros en todas las esquinas de Miami).

Los cubanos se han construido un país portátil al otro lado del estrecho. Se sienten orgullosos de haber transformado a Miami en una gran urbe. "Esto era un aldea", dicen. Lo que han hecho es inventarse una patria que dicen que es mejor que la otra. Hay un tipo de la Fundación que, con un desparpajo increíble, va a los programas de radio y declara, con voz enfática, que *la soberanía de Cuba reside en Miami.* "Nosotros somos el pueblo cubano del exilio y en nosotros está la soberanía", afirma. Es decir, los que están allá, en la Isla, son extranjeros. Son un ejército de ocupación. No son cubanos.

Los americanos no están violando nuestra soberanía si aprueban la ley Helms-Burton. Tampoco la violarían si invadieran la Isla. ¿Por qué? Porque nosotros, dice, somos la soberanía. Y nosotros, soberanamente, estamos dirigiendo la política de Estados Unidos hacia Cuba. El hombre, que por cierto no puede ir a Venezuela porque está reclamado por algunos negocios sucios, plantea su tesis en la radio con gran regocijo del cipayo que lo invita, y con mucha alegría de los que lo escuchan.

El tema es largo y la vida breve. A lo que yo vengo a parar, después de esas disquisiciones, es el fenómeno de como ya, poco a poco, se va diluyendo la farsa de los cubanos del exilio. Este proceso electoral en el sur de la Florida, donde todos se han volcado con entusiasmo, los ha puesto al desnudo. Lo que importa es el *cash*. Todo el temario anti-castrista se va cuesta abajo. Los locutores que ganan entre 150 000 dólares y 200 000 dólares al año, están más interesados en el aparato de corrupción política de Miami que en el caso de Cuba. El fervor de los primeros años ya se ha evaporado. Se entretienen atacando a Rosita Fornés. Usted sale por las calles de Miami a buscar un mártir y regresa a su casa desalentado. A lo sumo lo que puede encontrar es un atorrante que, por 10 dólares, es capaz de meterle un cóctel molotoff al Centro Vasco. Todo se ha ido hundiendo en el lodo de la corrupción política. El truco del exilio y del anti-castrismo militante apenas si sirve para conseguir un puesto. Las nóminas de los gobiernos locales están llenas de "patriotas" cubanos que reciben cheques y no trabajan porque están dedicados a la tarea de "liberar a Cuba". Los jefes de las 1 000 organizaciones cobran y no trabajan.

Es decir, poco a poco, estamos avanzando por un camino que conduce a una situación más clara y sincera. Está bien que dos millones de cubanos vivan en el sur de la Florida y hasta que prosperen y se asienten en la zona. Lo grave, lo peligroso, es la farsa que han montado. Lo grave es que se han convertido en un factor de perturbación que usan los americanos para tratar de rescatar la influencia que perdieron en Cuba. Lo grave es que operan como cómplices de Estados Unidos y en contra de los verdaderos intereses de Cuba. Lo bueno que tiene todo esto es que la farsa se esta acabando porque las realidades de la vida se van imponiendo. Se van muriendo los viejos desterrados, algunos muy sinceros, y van surgiendo gentes nuevas que no necesitan engañar a nadie. El lema de *lo que importa es el cash* se va adentrando en el alma de estas gentes.

Revista *Contrapunto*, 1996

EL OTRO ROSTRO DE LA REALIDAD

¿Cuantos cubanos hay en Miami y en las zonas colindantes? Nadie lo sabe a ciencia cierta. Si se le pregunta a los viejos residentes de la ciudad la respuesta sería siempre devastadora: *demasiados*. A juzgar por el ruido que hacen y por el desorden que existe en la ciudad, y a juzgar por la corrupción en los gobiernos locales, y por el escándalo de la radio, podría pensarse que hay más de un millón. ¿Cuántos más? Imposible saberlo. Yo he conocido gentes, en esta ciudad, que no están registradas en ninguna parte. No existen. No tienen existencia legal. Lo cual no les impide tener dos y tres tarjetas de "Social Security" y cobrar sus "pensiones". Hay otros, muchos, que nunca se mueren. Es decir, mueren y los familiares no reportan la muerte para seguir recibiendo cheques . Todo es posible en el mundo mágico del sur de la Florida.

Pero hay algo que es más curioso y es lo que me llama siempre la atención. Los cubanos han construido en Miami, y en ello han participado hasta cierto punto las otras nacionalidades, una especie de bóveda cerrada, y todo lo que ocurre en el ámbito de esa bóveda, todo lo que se dice, todo lo que se piensa, todo lo que se oye, existe en una dimensión fantasmagórica. Las noticias que se comunican por teléfono las viejas y los viejos en Miami siempre son insólitas. En Nueva York, a no ser que se aventure usted por las zonas peligrosas de Union City, no oirá usted nunca estas noticias. Tienen un sello particular. Las gentes en Miami manejan un repertorio de ideas y noticias que no tiene que ver nada con la realidad. Las cosas que se dicen por la radio, y en los cafés, y las que publican los periódicos, tienen un aire insólito y el que venga de afuera y no esté debidamente prevenido corre el riesgo de alucinarse.

A partir de 1959, Estados Unidos, bajo la presidencia de Eisenhower y siendo secretario de Estado el benemérito Foster Dulles, comenzó a almacenar cubanos en Miami como si fueran cosas. Es decir, instrumentos de una política. La intención era demostrar que en Cuba no se podía vivir. Tal vez nunca pensaron que la política se desbordaría y que llegaría un momento en que los cubanos, con la ayuda de otras nacionalidades propicias, iban a destruir la calidad de vida en el sur de la Florida a niveles nunca soñados.

Aquella política, que sigue igual después de 9 presidentes, se ha convertido en una pesadilla. Yo no creo que existe un solo estadista (¿?) en el mundo político americano capaz de romper ese nudo gordiano. Es muy complejo.

Ahora bien, casi 38 años de una feroz propaganda para satanizar a Fidel Castro y a la Revolución cubana han dado como resultado una comunidad cubana, en el sur de la Florida, absolutamente delirante. La propaganda incesante ha creado un tipo de ser humano que es ése que habla por radio y que se alimenta con las consignas que le están dando desde hace tantos años. Toda variación es un pecado. Es una traición. Todos los medios de comunicación, tanto escritos como hablados, participan en esta especie de conjura donde las cosas no son como son sino como nos da la gana que sean.

Durante los últimos días, estos seres humanos que viven en esta zona han sufrido intensamente. Ha sido un violento choque con la realidad del mundo exterior. Todos ellos se preguntan, con indignación, que cómo es posible que un ser tan miserable, tan asesino, tan brutal, tan hipócrita, tan sucio, tan horrible, tan comunista, tan asqueroso, haya sido recibido en audiencia especial por el Papa Juan Pablo II. "¡Ay, Papa, qué trastada nos has hecho!", exclaman mesándose los cabellos.

Y todo ha ocurrido después del viaje de Castro a Chile donde fue bien recibido. ¡Qué horror! ¿Y cómo es que lo reciben así si nosotros lo odiamos? "¡Es el mismo Satán!", grita el locutor Tamargo con voz gangosa. "¿Qué pasa en el mundo que no se enteran de que este hombre es un miserable y un canalla?, exclama Pérez Roura con su hermosa voz de recitador de Hilarión Cabrisas.

Es un espectáculo doloroso. Castro, a pesar de la larga y terrible propaganda hecha por Estados Unidos durante 37 años, es recibido en todas partes con honores. A pesar del violento odio de los cubanos de Miami, sometido, al barraje de propaganda durante tantos años, es un personaje de fama mundial y las gentes lo ven como una víctima de Estados Unidos. Las gentes, fuera del ámbito de Miami, tienen una visión distinta de Castro. Es inútil que vayan delegaciones donde va Castro para armar escándalo. Nadie les hace caso. ¿Cómo van a hacer caso si van a Chile a darles vivas a Pinochet? ¿Cómo van a ser oídos en serio cuando todo el mundo sabe, en Miami y fuera de Miami, que los gastos de estos viajes salen de los presupuestos de propaganda de Washington?

Pero eso no es lo importante. Lo curioso es el dolor de estas gentes cuando sienten que el piso se les tambalea y que sus nociones, tan acariciadas durante tantos años, se quiebran al contacto con la realidad. Castro, Cuba y la revolución son una cosa en el estrecho mundo de Miami y otra completamente distinta en el resto del mundo. Los periódicos de Miami tratan de consolarlos publicando informaciones negativas sobre los viajes de Castro, pero los hechos se sobreponen. El Papa hablando con Castro es una realidad aplastante. Ya empiezan a decir que el Papa es un hereje. Algunos dicen que el Papa irá a Cuba y tumbará a Castro. Es una esperanza, al menos. Pero lo más probable es que el Papa vaya a Cuba y todo salga bien.

"¿Entonces qué hacemos?", se preguntan los locutores desesperados. Nada. No harán nada. Seguirán haciendo buenos negocios y engañando a todo el mundo. Cerrarán más las puertas para que no entren los aires del exterior. Entonces dirán: si la realidad está contra nosotros peor para la realidad.

Diario *La Prensa*, 1996.

MONÓLOGO FRENTE AL ESPEJO

Hace varios años, bastantes, un amigo mío que era un fervoroso patriota cubano, me trajo a su hijo con la sana intención de que yo le diera algunos consejos sobre la mejor forma de hacer periodismo. Mi amigo estaba convencido de que yo era un sólido baluarte del anticastrismo y esperaba que mis palabras podrían influir en su hijo.

Y esto fue lo que me dijo el amigo:

—Mira, mi hijo es el editor del periódico de su escuela y él quiere que la publicación sea un órgano enérgico y eficaz en la lucha contra el comunismo. Pero entonces tiene problemas con los otros estudiantes que participan, casi todos americanos, en la preparación del periódico...

—¿Qué clase de problemas?

—Los otros muchachos no quieren que el periódico se ponga a hacer campaña contra Castro y contra el comunismo (...) ¡Imagínate! Están ciegos. No ven el peligro que los amenaza. Y mi hijo, que ha seguido mis pasos en esta lucha patriótica, está un poco confundido. No sabe qué hacer (...) ¿Qué crees tú?

—Yo creo que tú no debes obligar a tu hijo a seguir tus pasos. Debes dejarlo en libertad para creer y hacer lo que él quiera. Él va a vivir en un mundo distinto al tuyo. Ya, por lo pronto, le estás buscando un problema muy grave con sus compañeros de escuela (...).

Mi amigo me miró asombrado.

—¡Es que yo no puedo aceptar que mi hijo se me convierta en comunista o castrista! ¡Eso nunca!

—Tu hijo, seguramente, debe tener el derecho a convertirse en lo que él quiera ser (...).

Ahí terminó la entrevista. Mi amigo estaba furioso y apenas si podía disimularlo.

Con los años he visto que el hijo siguió la senda del patriotismo cubano y es hoy uno de los líderes políticos en el pequeño mundo de los cubanos de Miami. El padre debe estar orgulloso. He sabido, además, que a raíz de aquella entrevista empezó a decir que yo era un agente de Castro.

El ejemplo me sirve para tipificar el drama de los cubanos de Miami. Ese drama consiste en el estancamiento de las ideas. Y no solamente de las ideas sino también de las pasiones. No es posible pasarse 38 años alimentando un mismo odio o acariciando un mismo repertorio de ideas sin correr el riesgo del embrutecimiento.

A pesar de las muchas tertulias de cubanos viejos que hay en Miami, y en las cuales semanalmente se repiten los votos de lealtad a los principios, en Miami, hay pocos cubanos con quien se puede hablar serenamente. Se tiene por gran virtud el hecho de ser un hombre (o mujer) de principios firmes e indeclinables, cuando la verdad es todo lo contrario. El pensamiento debe fluir.

Pero la tarea del cambio corresponde siempre a las nuevas generaciones. Se comprende que el cubano que en 1959 fue despojado por Castro de una fábrica de boniatillo (¡malvado!) no esté dispuesto a olvidar la afrenta. Pero sus hijos deben venir detrás para analizar el hecho con una mente más clara y menos herida.

Eso es precisamente, lo que no ha ocurrido en el vasto almacén de cubanos indignados que es Miami. No hay nuevas generaciones. Es decir, no hay *nuevas generaciones cubanas*. Nuestros hijos se desentienden de nuestros problemas y se vuelcan a otra realidad más apremiante, la del entorno. O se dejan dominar por las pasiones del padre y el abuelo y caen en la mentalidad del *ghetto*.

El resultado es evidente. Se van marchitando las ideas, las consignas, las estrategias, los planes. No hay un proceso de sucesión generacional.

Gravísimo. Hace pocos días pasaba yo por uno de los senderos del cementerio y de pronto me detuve para escuchar a un cubano que despedía un duelo. Probablemente se trataba de un viejo compañero de luchas políticas que acaba de fallecer. Las cosas que decía el fogoso orador, sus gestos, sus palabras encendidas, el mismo temblor de la voz cascada, todo eso me llevó, de pronto, a cuarenta años atrás "¡Por encima de las tumbas, vamos hacia el futuro!", decía el buen hombre.

¡Qué maravilloso optimismo!

Las generaciones, unas detrás de otras, existen cuando se habita sobre el suelo de la propia tierra. Allá en la Isla hay un cambio generacional que se va imponiendo poco a poco. Los viejos se van retirando. Los que quedan saben que tienen los días contados. La nueva generación va insinuando sus respuestas. No es fácil. Los cambios no son fáciles. Pero ya se ven venir. Al revés, en esta otra patria portátil que nos han construido los americanos en Miami no hay sucesión ni cambio. Los dirigentes más fogosos pasan de 75 años. Y los hay de 85. Ni hablar de eso. No hay salida.

La explicación del fenómeno es muy simple. Niño que llega aquí, por avión o por balsa, le da inicio a otra estirpe. *Y las mujeres paren aquí americanos*. Y cuando les exigimos a nuestros hijos que sigan nuestros pasos los deformamos. Esa es la razón por la que en Miami son tan difíciles los diálogos. Lo único posible es el monólogo frente al espejo.

Diario La Prensa, 1996

WASHINGTON QUIERE DEVOLVERLE A ESPAÑA LA VIEJA COLONIA DE CUBA

La política exterior de Estados Unidos casi siempre está tarada de prejuicios irracionales. ¿Cómo nacen y crecen esos prejuicios? Eso es un misterio, Interviene un poco el azar. Se pasaron años diciendo que la China de mil millones de habitantes *no existía*. La borraron del mapa. Hasta que vino un hombre audaz, llamado Nixon, y volvió a poner a China en el mapa. ¿Hasta qué punto el odio contra Nixon, que se respira en las altas esferas de la política americana, se debe a la herejía de China?

Viet Nam fue una estupidez inexcusable. Miles de vidas sacrificadas inútilmente y miles de millones de dólares desperdiciados en Viet Nam. Nadie ha podido explicar por qué ni para qué. La confesión de McNamara es un documento que ha sido recibido con desagrado en el sórdido mundo de Washington. Esas cosas no se hacen en este país impunemente. Aquí nadie se confiesa. Un país tan poderoso no se equivoca nunca.

El caso de Nicaragua es patético. El sandinismo fue un fenómeno sin importancia. Nunca tuvo originalidad. Estaban condenados, desde el principio, al fracaso más absoluto. ¿Por qué Washington se empeñó en satanizar a los sandinistas? Tal vez porque habían derrocado a Somoza, uno de los ídolos de la política exterior americana. Reagan se empeñó en que los sandinistas amenazaban el territorio de Estados Unidos. Se decía que amenazaban a San Diego.

Miles de vidas se perdieron en la guerra contra los sandinistas. Miles de millones se gastaron en un esfuerzo idiota. Al final, ¿qué ha pasado? Han arruinado a Nicaragua. Han arruinado un poco el sur de la Florida con unos "exiliados" que no tienen razón de ser. Por último, han instalado en la presidencia a un heredero del somocismo. Ahora están contentos. Se ha restablecido el orden. ¿Qué orden?

El caso de Cuba es todavía más patético. Metieron a Batista en el poder, mediante un golpe de Estado, precisamente cuando no debían haberlo hecho. Y le ordenaron que se fuera en el momento más inoportuno.

Desde el punto de vista de los intereses americanos fueron dos graves errores. La emprendieron contra Fidel Castro desde mediados del año 1959, sin dar tiempo a nada, y solamente porque el hombre dio señales obvias de que no se iba a poner de rodillas. Ahora se van a cumplir 38 años de un largo e inútil esfuerzo por liquidar a Castro y sepultar a la revolución. En ningún momento se les ha ocurrido revisar esa política de exterminio. Han pasado 9 presidentes por la Casa Blanca y ninguno ha tenido la ocurrencia de mirar hacia atrás y rectificar. Han establecido la noción de que el prestigio de Estados Unidos está envuelto en una política absurda. La historia del comunismo no se la traga nadie. Cuando Eisenhower inicia la guerra contra Cuba, todavía la revolución no era comunista. Es obvio que Estados Unidos empujó a Castro a los brazos de la Unión Soviética. Necesitaban hacerlo para justificarse.

Básicamente, el propósito fundamental de la política sobre Cuba va dirigido a eliminar a Castro porque no es confiable. No es gobernable. No es utilizable. Ha sacado la vieja colonia de la esfera de influencia americana. No han valido las amenazas ni los intentos de asesinato. El bloqueo feroz que le han impuesto a Cuba no ha dado resultados. El país se ha arruinado por culpa de Washington, pero sigue ahí. No cede a la presión brutal.

La Revolución cubana, a los 38 años, ha madurado de una manera sorprendente. Todos los esfuerzos de Estados Unidos por desacreditar a Castro han fracasado. Tiene hoy una posición internacional privilegiada. En el mundo entero ya se ha abierto paso la clara noción de que la política de Washington sobre Cuba es torpe y arrogante. En rigor, ni existe una oposición real contra Castro, ni dentro ni fuera de la Isla. Todos esos movimientos han sido financiados y promovidos por los americanos. Los llamados periodistas independientes, manejados y dirigidos por el *Miami Herald*, ni son periodistas ni son independientes. Son agentes políticos que hacen propaganda bajo la cubierta periodística. Los ejecutivos del *Herald* dan gritos de protesta cuando la CIA utiliza espías con la cubierta periodística. Se considera un deshonor, en la prensa americana, que un periodista trabaje con la CIA. Pero en el *Herald* ven con satisfacción que se utilice la cobertura periodística para el servicio de espionaje dentro de Cuba. Han puesto a un lado la ética para satisfacer el sectarismo.

¿Cuál parece ser la política de Bill Clinton hacia los cuatro años que le quedan en la Casa Blanca? Obviamente no la tiene. Las políticas de Clinton siempre se improvisan. En realidad, lo que está esperando Washington es que Castro se muera para inundar el país de espías y sobornar a todo el mundo. Otro error porque en Cuba hay una generación de relevo que no van a poder controlar tan fácilmente.

De momento, lo que hay en la Casa Blanca, a juzgar por lo que se ve, es desaliento. Clinton firmó la Ley Helms-Burton sin saber lo que firmaba, lo cual no es extraño. Ya no sabe qué hacer con esa ley que fue pagada por la casta cavernícola de cubanos de Miami. Tampoco es capaz de dar marcha atrás.

Entonces, ¿Qué hacer? Envió a Stuart Eizenstat a recorrer el mundo exigiendo que aceptaran la injuria de la Ley Helms-Burton. Fue una fracaso. Donde únicamente encontró una acogida favorable fue en España, en manos de un político que ha dado señales evidentes de ser manejable. En el fondo, lo que está haciendo Clinton, con su habitual frivolidad, es "soltarle" el paquete de Cuba al señorito Aznar, que se siente orgulloso de servir a Washington. En términos más realistas, Washington le está *devolviendo a España* la colonia que le arrebató en 1898. Es como si dijera: "No puedo hacer nada con este hombre, ese país es ingobernable, ocúpense ustedes de resolver el problema". Estados Unidos, al fracasar en Cuba, al no querer cambiar su política sobre la Isla, espera que sea Europa, especialmente España, la que tome en sus manos la campaña contra Cuba. Lo cual es tan absurdo como todo lo que hicieron hasta ahora. El pobre ministro de Relaciones Exteriores, Matutes, agarró el rábano por las hojas cuando declaró, enfáticamente, que España tenía derecho a intervenir en los asuntos de Cuba puesto que Cuba había sido colonia de España en el pasado. El que iba a ser embajador español en Cuba tuvo la audacia de anunciar que iba a colaborar con la oposición al régimen de Cuba y le dieron con la puerta en la narices. Es evidente que a España le va a costar mucho trabajo hacerse cargo otra vez de la colonia de Cuba. Solamente un político tan deficiente como Aznar acepta una cosa así.

Ahora están hablando de crear un fondo "para la democracia". Concretamente, volcar millones de dólares sobre la Isla para poner a gozar a los llamados disidentes. La reacción entre estas gentes ha sido maravillosa. Elizardo Sánchez Santacruz se mostró encantado. Bofill, en Miami, declaró que ya era hora, porque los disidentes "se están muriendo de hambre". Montaner dio un grito de alegría pensando, tal vez que podría intervenir en el reparto de los dólares y muy contento, según dijo, porque el problema de Cuba se desplaza de Washington hacia Madrid. En el fondo de todo esto lo que hay es que Clinton no sabe qué hacer con Cuba y se la quiere soltar a los españoles, pensando que éstos, puesto que hablan español, podrían entenderse mejor con la antigua colonia. Estamos entrando, por consiguiente, en las áridas zonas del disparate histórico.

Diario *La Prensa,* 1997

UN MUERTO PELIGROSO

Durante varios días los cubanos de Miami disfrutaron, intensamente, el rumor de la muerte de Fidel Castro. Los locutores de la radio hablaron del tema hasta el cansancio. Un diario hizo hasta una encuesta telefónica, lo cual es sorprendente. "¿Cree usted en el rumor de la muerte de Castro?", fue la pregunta. Un 17 por ciento dijo que sí. Y un 38 dijo que no lo creía. Por supuesto, se trata de un procedimiento periodístico muy extraño. Solamente en Miami, y con gentes como éstas, es posible hacer ese tipo de preguntas. Hay algo de realismo mágico en la cosa, suponiendo que yo sepa lo que es eso.

En Miami hay gentes muy peculiares. Muchos están convencidos de que Castro está muy enfermo. No sé por qué. Otros aseguran que también Raúl Castro tiene cáncer en alguna parte. Los hay que afirman, de manera convincente, que el Papa nunca irá a Cuba. "A última hora Fidel inventará algo para que el Papa no vaya". Eso es lo que dicen. No se sabe por qué. Es lo que se piensa a partir de la realísima gana.

Las autoridades del condado de Dade declararon que estaban tomando las medidas pertinentes (*sic*) para enfrentar la situación que se presentaría en el caso de que Castro muriera. ¿Qué situación? No se sabe. Pero es que las autoridades, en su mayor parte, son cubanas y ya se sabe cómo es la cosa. La posibilidad de un bochinche siempre está presente. A lo mejor se presenta Celia Cruz y empieza a meter gritos.

Un vocero importante de Washington declaró a la prensa que el rumor los había agarrado desprevenidos para una cosa semejante. ¿Qué es lo que quiso decir? ¿Cómo es que se prepararían los funcionarios de Washington para una eventual muerte de Castro? ¿Mandarían las tropas de Key West para estar disponibles? ¿Harían planes para una invasión militar? Imposible saberlo. Los funcionarios de Washington, por definición, son enigmáticos. Tienen que serlo.

Todo este tejemaneje de cubanos y americanos debe ser tomado como un indicio claro de que se cree que la Revolución cubana descansa en Castro. Es decir, que él es el eje del movimiento. Que todo gira en torno a él. Que si él desaparece la revolución se viene abajo. Que si Castro muere, en Cuba se va a formar un bochinche parecido al que se formó cuando Batista se dispuso a echar a correr y todas sus gentes emprendieron carreras para ver dónde se metían. Aparentemente, la situación en Cuba, en estos tiempos, no es ésa. No hay ninguna semejanza con ningún tiempo pasado y no se debe subestimar la significación que tiene hoy la imagen de Fidel Castro.

Vivo, tal como está, Castro es ya un mito. Muchas gentes quieren tocarlo para ver si es real. Cuando él se desliza por un pasillo, lentamente, midiendo sus pasos, un poco a cámara lenta, como suelen siempre caminar los mitos, no es que esté enfermo o que le duela nada. No lo creo. Es que lleva ya sobre los hombros una carga tan grande de historia que ha tenido que renunciar a la agilidad de los primeros años. Estados Unidos, con la infinita torpeza de 9 presidentes frívolos, que no entienden los mecanismos de la historia, han consagrado la imagen de Castro.

Pero Castro muerto, enterrado solemnemente, en presencia de cientos de representantes del mundo entero que sentirían mucho gusto en poder humillar al inquilino de la Casa Blanca, se convertiría, de la noche a la mañana, en algo más peligroso que un mito. Tal vez un mito con una sobrecarga explosiva poco usual. La muerte de Castro, en medio de un pueblo condenado al exterminio por Washington, durante 38 años, produciría una reacción internacional, sobre todo en la América Latina, de proporciones mayores. Su lucha durante tantos años contra el vecino implacable del norte cobraría, de pronto, un sentido impresionante. Se equivocan los cubanos de Miami cuando piensan que el gobierno de Cuba se vendría al suelo, a la manera como cayó el de Batista en 1959, si Castro muere. Tal vez ocurriría todo lo contrario. Castro, como símbolo yacente y sepultado es más peligroso para Estados Unidos que el Castro que camina por los pasillos del Palacio de la Revolución.

Los cubanos de Miami, que son una sub-especie en un sub-mundo particular deformado, se han pasado muchos años tratando de rebajar la importancia del proceso cubano. No han querido entender el sentido trágico que tiene la peripecia que ha trastornado nuestras vidas. Lo de Cuba es algo más serio que un simple bochinche.

Diario *La Prensa*, 1997

CASI UN ELOGIO DEL SUICIDIO

Antes de que Clinton entrara en la Casa Blanca, la asistencia médica en Estados Unidos era deficiente. Bastó simplemente que el nuevo Presidente le pusiera la mano arriba a la reforma de la salud, en compañía de su esposa, para que se desataran las furias.

El problema, por supuesto, era muy difícil. Habría sido necesario un hombre de las condiciones de Lincoln, o Roosevelt, o Truman, para resolver algo tan complejo. Clinton está lejos de ser un presidente capaz y decidido. Tan pronto le cayeron arriba los médicos, los hospitales, las compañías de seguros y los laboratorios farmacéuticos, el Presidente echó a correr y se desentendió del conflicto. Pensó que le iban a estropear la reelección y dejó que las fuerzas del mercado siguieran su curso.

Hoy, en 1997, la asistencia médica en este país es pavorosa. Los cuatro componentes de la salud, médicos, seguros, hospitales y laboratorios, se han convertido en una aplanadora. Hoy es difícil encontrar un médico que ponga un mínimo de decencia en el trato con los pacientes. Hay excepciones, pero son raras. Las gentes estudian medicina porque saben que hay dinero en la profesión, y salen a buscar el dinero, sin importarles la salud de sus víctimas. Las medicinas están fuera del alcance de las clases medias y bajas. Los laboratorios tienen utilidades billonarias. Las compañías de seguros operan como asaltantes de camino. Bordean la delincuencia en sus prácticas de explotación, pero no hay gobierno que las controle. Es el mercado. Es el capitalismo salvaje. Los hospitales son centros infernales, controlados por compañías que está aplicando las nuevas estrategias corporativas. Es decir, reducciones de personal, rebaja en la calidad de la asistencia, utilización de personal con poca o ninguna capacidad, incremento de las ganancias, con todo lo cual están logrando que los hospitales se conviertan en empresas lucrativas. Por supuesto, a costa de la salud de las clases más necesitadas.

Hoy, la buena asistencia médica está reservada para las clases de mayor poder económico. El resto de la población está condenada a pasar largas horas en las consultas de los médicos o a ser maltratada en los hospitales por elementos improvisados y mal pagados. Los Home Medical Organization (HMO)[6] son una invención diabólica que consiste en dar premios a los médicos que le ahorran dinero a la corporación negán-

---

6 Servicios de visitas médicas a domicilio.

doles servicio a los enfermos. Es una estafa. Si la poderosa empresa Columbia sigue comprando hospitales llegará un momento en que tendrá un control absoluto sobre la vida y la muerte de millones de seres humanos en Estados Unidos.

Con una vasta red de hospitales en todo el país, y poniendo en práctica los más rigurosos sistemas administrativos para convertir a cada hospital en un aparato productor de dinero, Columbia está transformando la asistencia hospitalaria en uno de los mejores negocios en el país. En Miami, que es lo que tengo más cerca, numerosos cubanos, verdaderos artistas del fraude, se han hecho multimillonarios con el negocio de la salud en pocos años. Hay casos sorprendentes de individuos de pocos escrúpulos que en un plazo de cinco o seis años han logrado amasar hasta 100 millones de dólares y se exhiben en los periódicos haciendo alardes de la fortuna adquirida. En un tiempo, el negocio de moda era el tráfico de drogas o el lavado de dinero, en complicidad con los bancos. Luego fue la construcción, donde se invertían los fondos del lavado de dólares y se fabricaban edificios miserables en complicidad con los funcionarios locales. Hoy lo que está de moda es el negocio de la salud, en sus diversas fases y en distintos niveles. La estafa al Medicare y al Medicaid en el sur de la Florida son asombrosas. Hay médicos sinvergüenzas que se anuncian por la radio y les prometen a los viejos recogerlos en sus casas, llevarlos a un centro de recreo, darles comida, entretenerlos durante varias horas y luego devolverlos al hogar por la noche, y todo pagado por el Medicare. Otros les prometen a los ancianos devolverles la potencia sexual mediante una "bombita", también a costa del Medicare. Hay quienes recorren las casas donde viven los viejos prometiéndoles limpiárselas si firman una visita al médico.

Sin embargo, el negocio mayor, el de los millonarios, está en la organización de empresas de HMO que le cobran millones al gobierno federal y dan un servicio casi criminal a los pacientes. Mike Recarey, un cubano audaz, se fugó con cientos de millones de dólares y vive como un potentado en Madrid. No se le extradita porque altos funcionarios americanos que actuaron como cómplices en el negocio estarían envueltos en el fraude.

Otros, sin embargo, han seguido los mismos pasos de Recarey.

Los hospitales en Miami, con algunas excepciones que yo no conozco, pero que debe haberlas, son como enormes factorías donde se pone a los pacientes en manos de un personal reclutado en el vasto mundo de los inmigrantes. Abundan los haitianos, los jamaicanos, los hindúes, los pakistanos, los asiáticos. Es obvio, en este mundo de inmigrantes desamparados económicamente, es donde abunda la mano de obra barata. La capacidad no importa. La preparación profesional no existe. Cualquier tipo, venga de donde venga, y hable lo que hable, ya sea jerga o lo que sea sirve para meterle una aguja a un infeliz y partirle el alma. La higiene en los hospitales es cosa del pasado. ¿Cuántas personas mueren diariamente en los hospitales del sur de la Florida como consecuencia de la incompetencia, la negligencia, la estupidez, la ignorancia y hasta la mala fe de esta gente que trabajan en los hospitales?

Imposible saberlo, porque en las entrañas del hospital siempre hay manera del legitimar un muerto con cualquier excusa. Los hospitales se manejan con un severo criterio corporativo cuyo objetivo es el incremento de la utilidad.

En cualquiera de los hospitales de la Columbia lo que más se destaca es el nombre de la corporación. Con el tiempo la eficiencia publicitaria podría llegar al extremo de imprimirle el nombre en las nalgas a los infelices pacientes que mueren víctimas de *cost-containment*.[7]

¿Qué se puede hacer frente a esta situación? Quién sabe.

Clinton, que representa el bajo nivel a que ha llegado la actividad política en este país, tiene por delante casi cuatro años y no hay esperanzas de una rectificación moral. Pero tendrá que venir una reacción que le ponga algún límite a los excesos del llamado mercado.

Por lo pronto, yo le aconsejaría a los que van a entrar en un hospital que exijan que les den un cuarto más arriba del séptimo piso. La explicación es muy simple. Los que caen en un hospital llega un momento en que la desesperación los induce, necesariamente, a pensar en el suicidio como una forma de liberación. Y los mejores suicidios, los más efectivos son lo que se realizan desde los pisos más altos.

Clinton, al firmar la ley republicana del bienestar social (Welfare) ha condenado a la muerte a millones de seres humanos y no hay dudas de que seguirá firmando cosas así. Pero lo único que podrá lograr es impedir que las gentes conserven abierta la opción del suicidio. Es un consuelo. Es casi una esperanza.

Diario *La Prensa*, 1997

¡QUÉ VIVAN LAS CADENAS!

La generación que fundó el exilio anti-castrista, y que ha ido desapareciendo en los cementerios y asilos de Miami, tenía un cierto pudor. Todavía pervivía en aque-

[7] Reducción de costos.

llas gentes el estilo, un poco hipócrita, que había estado presente a todo lo largo del período republicano, desde 1902 hasta 1959. Nuestros dirigentes políticos de aquella época, que eran mucho más inteligentes que éstos que ahora se proclaman líderes de los 347 grupos anticastristas que hay en Miami, habían aprendido a disimular en lo posible, su condición servil. Se sabía que Cuba tenía que ajustarse a las condiciones que impusieran los americanos, porque hacer otra cosa era ilusorio, pero nuestros patriotas, de vez en cuando, daban un do de pecho y se proclamaban antiimperialistas en público, aunque en privado le mandaban excusas al embajador. Es decir, se guardaban las formas. Se prefería no hablar de eso. El pueblo, en su entraña, era más sincero. "¡Aquí tienen que venir los americanos!", decían las gentes del pueblo cada vez que se formaba un *zaperoco*. En Miami, ahora, dicen que tienen que *ir los americanos*.

Es cierto que los fundadores de este exilio eran empleados a sueldo de Washington, de eso no debe caber duda. Fueron entrenados, pagados, organizados, por agentes americanos. No hubo en los comienzos de este drama una sola voz cubana respetable que se opusiera con suficiente energía. Y los que protestaron quedaron inmediatamente marginados y nunca más se ha vuelto a oír hablar de ellos. Se murieron en la mayor soledad.

Pero, y esto es lo que quiero decir, aún aquellas gentes tenían un cierto pudor que lo disimulaban en público y lo reservaban para las conversaciones privadas. Los años, sin embargo, han hecho que las cosas cambien mucho. La nueva generación de Cuban-Americans que interviene en el conflicto cubano ya no oculta sus verdaderos pensamientos o apetitos.

Están correctamente formados para entender la situación de Cuba y no se avergüenzan de ser lo que son. Son los que reclaman que se invada a Cuba militarmente. Son los que piden bombardeos. Los que piden juicios sumarísimos para castigar a los culpables. Los que hacen campañas para convencer a los militares cubanos de que deben rebelarse. Los que aprueban la Ley Helms-Burton, que ha sido definitoria. Los que piden que se apruebe, desde ahora, un decreto para autorizar tres días de matanza libre, como dicen Tamargo y Pérez Roura. Los que aceptan el papel tutelar de Estados Unidos en una transición.

No todos son gentes de las nuevas generaciones. Hay septuagenarios, como los dos locutores mencionados, que han perdido todo sentido de decencia humana y se entregan jubilosos a la tesis del anexionismo discreto. Quieren cadenas.

Véase, por ejemplo, el caso de Andrés Vargas Gómez, el nieto del Generalísimo, quien acaba de publicar en el *Herald* (¿y cómo no?) un artículo titulado "Iniciativa positiva a favor de Cuba". La iniciativa consiste en un plan de un dudoso general retirado, cubano americano, llamado Eneido Oliva, quien carga con el honor discutible de haber participado como dirigente en la torpe expedición de Bahía de Cochinos, que fue un fracaso escandaloso, y que ahora, al cabo de los años, ya en la vejez, habla de reunir a todos los ex militares cubanos, de todos los tiempos, todos ellos retirados y viejos, para que se dediquen a convencer a los militares de Cuba, todos en activo, para que se revelen.

Es una cosa tan idiota que uno siente un poco de vergüenza. De modo que los vencidos de ayer, los que hicieron el ridículo en su momento, vienen ahora a decirles a los vencedores, que se han mantenido firmes en su posición durante 38 años, que rindan las armas, que se entreguen, que acepten los juicios, que confiesen sus supuestos pecados. Increíble.

Y dice Vargas Gómez, cuya posición plattista es conocida: "Muchos compañeros de armas piensan que el mayor general Oliva no se involucraría en un proyecto de esa magnitud si no tuviera el respaldo del gobierno norteamericano". Es la misma historia de siempre. Hay que averiguar quién tiene el respaldo de los americanos para obedecerle.

Otro ejemplo alarmante es el del representante demócrata por New Jersey, Bob Menéndez, quien estuvo en Miami para explicarle a los cubanos las maravillas de una transición bajo la tutela de Estados Unidos y miles de millones de dólares para "reconstruir" a Cuba. Fue un espectáculo como para *coger balcones* oír a Bob Menéndez dialogando con Agustín Tamargo en la radio. El español de Menéndez es muy pobre y a veces algo disparatado. El hombre no es cubano. Nació en Estados Unidos de padres cubanos y exhibe una ignorancia absoluta de la Historia de Cuba. Menéndez es de esas gentes que creen que los cubanos deben sentirse orgullosos de que Estados Unidos haya sido tan generoso de libertar a Cuba de España en 1898 y probablemente es de los que creen que los militares cubanos deben apresurarse a destituir a Castro puesto que Estados Unidos, otra vez, va a ser tan generoso que le va a regalar a Cuba nada menos que 8 000 millones de dólares. Tanta ingenuidad, que linda con la bobería, es realmente conmovedora. Lo que revela el nivel intelectual y político que existe en Miami es que algunas gentes fueron a oír las peregrinas explicaciones de Bob Menéndez.

Diario *La Prensa*, 1997

UNA MIRADA CRÍTICA AL FUTURO

Hace algunos años Jesse Jackson, que suele decir cosas muy inteligentes, dijo que "lo peor que le podría ocurrir a Estados Unidos era que su política sobre Cuba llegara a triunfar". De ese modo estaba señalando que esa política podría desembocar, después de casi 40 años de disparates, en un escenario que afectaría seriamente los verdaderos intereses de Estados Unidos.

¿Cuál es el sentido de esa política que han seguido, invariablemente, los últimos 9 presidentes? Theodore Sorensen, que fue uno de los asesores de John Kennedy y participó, de algún modo, en los comienzos de la disparatada política de Washington, dijo en una reciente entrevista que "la relación entre Estados Unidos y Cuba es altamente emotiva por ambas partes: no es racional, no es lógica, es emocional". Y agregó que el embargo "ha sido perpetuado más allá de su utilidad".

¿Por qué los dirigentes de la política americana no han podido racionalizar su posición frente a Cuba? Sorensen tiene razón. Interviene un factor emocional. Desde mediados del siglo XIX, cuando se inició el proceso de expansión de Estados Unidos hacia el oeste y hacia el sur, los americanos se acostumbraron a ver a Cuba como una colonia más o menos encubierta. Cuba era una parte del territorio americano. Una prolongación. Un sector bastante grande de la población cubana sobre todo, las clases económicas, los hacendados, compartieron siempre ese criterio y se sentían muy cómodos en sus relaciones con el norte. Estados Unidos le arrebató la colonia a España en 1898, ya para ese momento muy infiltrada por los intereses americanos desde hacía años y la convirtió en un discreto protectorado.

Sin embargo, en Cuba estaba el germen de una nacionalidad. Desde el principio hubo una minoría inteligente que se opuso al control de los americanos. Ese anhelo quedó sepultado durante años en el alma nacional, en forma más o menos vaga. Los esfuerzos de Washington por hacer de Cuba lo que habían hecho de Puerto Rico (y que siguen haciendo) fracasaron siempre. Castro no inventó nada cuando llegó al poder en 1959. Recogió lo que estaba en la tradición de las mejores gentes de la Isla. Es decir, el afán por la independencia y por la soberanía. La alianza con la Unión Soviética fue estrictamente coyuntural. Deliberadamente, Estados Unidos empujó a Castro a los brazos de Moscú, con la intención de aislarlo, cosa que lograron.

Hoy, 38 años después, el problema del comunismo ha desaparecido. Cuba no representa un peligro para la seguridad del vecino del norte. Pero la política de aislamiento y bloqueo permanece.

Tenemos que preguntarnos qué es lo que pensaría si esa política llegara a triunfar. Es decir, cae la revolución y los americanos instalan en el gobierno a los grupos de Miami, que han sido entrenados para la ocupación. ¿Alguien se ha puesto a analizar, seríamente, la estructura moral y política de estos grupos que llevan años sirviendo de comparsa a la política de Washington?

Hace pocos días, un abogado de prestigio muy controversial, ya muy anciano, decía en uno de esos programas de radio que se transmiten por Miami, que en el sur de la Florida hay más de mil millonarios cubanos. El hombre probablemente se quedó corto. En Miami hay muchos más millonarios. Pero no son millonarios de uno o dos millones. Los hay que manejan hasta cien millones. ¿Y cómo en 38 años estas gentes han desarrollado esas enormes fortunas? Esa es la pregunta clave. Pocas fortunas de cubanos, en el sur de la Florida, escaparían al escrutinio de una comisión investigadora seria y responsable sin caer en el error de generalizar, porque hay gentes que han hecho su dinero trabajando honestamente, se podría decir que un porcentaje considerable de esos millonarios han prosperado al ritmo de la zona más corrupta de Estados Unidos. Después de

Medellín y Cali, Miami fue, en un tiempo, el paraíso del narcotráfico y el lavado de dinero. Los bancos y los negocios de la construcción, en una época estaban infiltrados por elementos vinculados a la droga y al lavado. Hay que entender que Estados Unidos se hizo un poco de la vista gorda con los "empresarios" cubanos a cambio de que dieran señales de ser anti-castristas, además de contribuir a las campañas políticas. ¿No vimos hace poco a un "empresario" cubano donando 20 000 dólares al Partido Demócrata y retratándose al lado del Vicepresidente y de la Primera Dama para caer preso por narcotraficante a los pocos días y forzando al Partido Demócrata a devolver los dólares urgentemente? Este tipo de hombre ha estado pululando por la zona desde hace muchos años. Algunos, con mejor suerte, han seguido prosperando y hoy figuran como austeros caballeros de la mejor sociedad de Miami y hasta es posible que sean recibidos en la Casa Blanca. Nixon y Reagan fueron benévolos con estas gentes.

Pues bien, esa es la gente que caería sobre Cuba si desapareciera el gobierno de Castro y comenzara una transición, como ellos llaman al proceso. Si Estados Unidos se vuelve a apoderar del control de la Isla no tendrían otra alternativa que instalar en el poder, en los bancos, en los negocios, a los que han sido sus cómplices en Miami durante tantos años. Es posible que ningún cubano decente e inteligente se prestaría a servir los intereses americanos en un país desvastado y lleno de sangre. Solamente aquellos de bajo nivel intelectual y moral, dispuestos al chanchullo y al soborno, se prestarían a servir de comparsas para "reconstruir" a Cuba, como ellos dicen.

¿Qué quiere decir todo esto? Que Cuba, en la época post Castro, se convertiría en un centro infernal de corrupción. Todo lo malo de Cuba y del estercolero de Miami afluiría sobre la Isla para "reconstruirla".

El resultado sería que Medellín y Cali parecerían vetustos conventos al lado de lo que sería esa Cuba del futuro, poblada por los peores elementos de Cuba, en alianza con los elementos más ávidos e inescrupulosos de la sociedad americana. La "reconstrucción" del sur de Estados Unidos, después de terminada la Guerra Civil, se convertiría en un juego de niños al lado de lo que pasaría en Cuba. Con una isla a 90 millones de las costas americanas, con miles de millas de costa, Cuba se convertiría en el punto estratégico de las mafias cubanas para contrabandear con la Florida. Estados Unidos, después de imponer su política en Cuba, se enfrentaría a una situación peor que la que tiene ahora con Castro.

Es obvio que durante 38 años, Washington no ha podido manejar a los elementos cubanos en el sur de la Florida. Fue posible en un comienzo, en los años 60 y 61, cuando trataban a los cubanos del Consejo Revolucionario y los engañaban con pequeños salarios y hasta llegaron a encerrarlos en un hotel, presos, cuando lanzaron la expedición sobre Bahía de Cochinos. Después los cubanos han aprendido mucho, han hecho enormes fortunas, sobornan a los políticos, consiguen contratos, pagan por la impunidad, han asimilado lo peor de la sociedad americana con la natural picardía del cubano ambicioso. Ese animal, ese Cuban American, es el que caería sobre la infeliz Isla, protegido por Washington.

La política inteligente y racional sobre Cuba, la que echa de menos Theodore Sorensen, es la de renunciar a la soberbia, al conflicto emocional, la que podría llevar a Estados Unidos, en varias etapas, a respetar la independencia y soberanía de Cuba y convertir a Cuba en un aliado respetuoso y respetable. Eso es posible. Pero no lo hacen. Hay pasión y hay ceguera. Y están caminando derechamente a convertir a Cuba (Dios no lo quiera) en un refugio de bandoleros.

Diario *La Prensa*, 1997

AVISO PARA TURISTAS Y PERSONAS DECENTES

Confieso que yo no siento mucho respeto por la policía. Sobre todo en el sur de la Florida, donde los cuerpos policíacos se han ido convirtiendo, poco a poco, en mafias represivas que tienen una licencia especial para matar ciudadanos, sobre todo si son negros o hispanos. Sin embargo, me veo casi obligado a dejar constancia de mi simpatía por John McDougall, sheriff del condado de Lee, quien acaba de declarar, en un programa de la NBC, que tiene más de cinco millones de televidentes, que, "los turistas no deben venir a la Florida".

Me parece que es un consejo muy saludable. La razón que da McDougall para llegar a esa conclusión es que en estos días van a poner en libertad a 500 criminales peligrosos, entre los cuales hay asesinos, violadores, ladrones, etcétera. Ocurre que el Tribunal Supremo ha decidido que la Florida ha procedido mal al negarse a poner en libertad a estos individuos antes de que cumplan sus condenas, de acuerdo con la ley, y por consiguiente hay que soltarlos.

El sheriff McDougall, alarmado por la grave amenaza que representan los 500 criminales en las calles de la Florida, sobre todo en el sur, especialmente en los condados de Dade y Broward, ha hecho bien en prevenir a los turistas. Es mejor no arriesgarse. No se sabe qué historial tiene el Sheriff en lo que se refiere a las violaciones de los derechos humanos en su zona. El hecho de que el hombre sea republicano no tiene importancia. Demócratas y Republicanos son la misma cosa. Entre Clinton y Gingrich no hay diferencias apreciables. De todos modos, este Sheriff, al menos, es honesto en sus pronunciamientos.

Claro está que el consejo del Sheriff ha provocado un escándalo en Miami. Merrett Stierheim, un burócrata con un sueldo de cientos de miles de dólares, declaró que le había dado una indigestión el consejo de McDougall.

El vicegobernador de la Florida, Buddy MacKay, acusó al Sheriff de estarse chupando el dedo. Me imagino que los periódicos locales clamarán al cielo pidiendo la destitución del Sheriff y asegurando que los turistas no corren peligro en la Florida.

¡Pamplinas! El Sheriff tiene toda la razón. En el sur de la Florida se vive peligrosamente. No solamente los turistas sino todos los residentes. No solamente por los 500 criminales que van a soltar sino por los miles y miles de individuos que viven al margen de la ley y ponen en peligro la vida de los demás. Los turistas son los más vulnerables, porque si se equivocan, y caen en un barrio peligroso, pueden ser asesinados.

Hay que andar con pie de plomo en Miami y en Hollywood, y en Fort Lauderdale. Son ciudades peligrosas donde si uno dobla por error en la esquina equivocada se juega la vida.

La ley de reforma del bienestar social que firmó el presidente Clinton va a poner en la calle a miles de seres humanos que se quedarán sin protección federal. Es ilusorio pensar que van hacer algo efectivo para resolver este problema, salvo aconsejarle a los empresarios que les den trabajo a las víctimas de Clinton. No va a pasar nada. No van a resolver nada. Este enorme contingente humano desamparado agrega un elemento más de peligrosidad a la situación de la Florida.

En cada esquina de Miami usted puede ver a los balseros cubanos vendiendo churros, o flores, o maní tostado. Se está creando en la zona una población marginal que sigue creciendo con los ilegales que provienen de la miseria centroamericana.

Es increíble que los cubanos todavía sueñen con venir a Miami, a pesar de la escasez de empleos y viviendas y a pesar de que ya no pueden contar con la ayuda del gobierno. Sin embargo, los mataperros que hacen dinero con la industria anti-castrista siguen insistiendo en la radio, sin ningún pudor, en la necesidad de que abandonen la Isla "en busca de la libertad".

La peligrosidad del sur de la Florida especialmente Miami no está solamente en los 500 criminales que van a soltar y que tanto asustan al sheriff McDougall. Lo peor es que el tipo de gente que habita en condados como Dade y Broward, especialmente hispano de diversas procedencias, vienen de culturas donde la ley es letra muerta.

Todo esto compone un cuadro de peligrosidad que es necesario tener en cuenta si uno sale a la calle en estas ciudades pobladas por gentes acostumbradas a hacer lo que les da la gana. Eso se advierte, especialmente, en el tráfico de vehículos en Miami. Es el primer impacto que recibe el visitante. Los instintos más bestiales son los que salen a la superficie cuando los hombres y mujeres de Miami se instalan frente al volante de un automóvil. Todo les está permitido. El turista acostumbrado a respetar el derecho ajeno se siente absolutamente desconcertado cuando descubre que manejar un auto en Miami es una empresa llena de riesgos. Para sobrevivir hay que perderle el respeto al resto de la humanidad y empezar a tirarle el carro arriba a los transeúntes y a los otros conductores. Sobreviven los más fuertes, es decir, los más bestias.

Hay un espantoso semanario en inglés en Miami con el título de *New Times*, que se distribuye gratuitamente y que tiene, habitualmente, unas 130 páginas, de las cuales no menos de 120 son de anuncios. El seminario, sin embargo, publica siempre uno o dos artículos donde ofrece datos interesantes sobre la corrupción de los gobiernos locales. Son reportes productos de investigaciones más o menos cuidadosas, pero que, por lo general, contienen un fuerte ingrediente de veracidad.

En el fondo, el *New Times* es un desafío a la mediocridad del *Miami Herald* que ejerce una especie de monopolio de la información y se ha caracterizado, desde que se quedó sin competidores, por su complacencia con la corrupción local y su inclinación a la discreción. Miami, por consiguiente, es una ciudad donde el espíritu crítico de la prensa, tan necesario, está muy dosificado. El *New Times*, de vez en cuando, rompe la conjura de silencio y complicidad y publica cosas que revelan la podredumbre local. Entiéndase que cuando digo Miami me estoy refiriendo a una zona mucho más amplia, el condado de Dade.

En un reciente reportaje, el *New Times* publicó datos, no muchos, sobre el aparato de corrupción que existe en el aeropuerto de Miami y cómo los políticos locales, casi todos, utilizan el presupuesto del aeropuerto para colocar a sus parientes en buenas posiciones violando toda la legislación que rige la contratación de personal.

Todos estos funcionarios locales, casi todos hispanos, utilizan el presupuesto del aeropuerto, que es enorme, para meter a sus parentelas con altos salarios. Ésto, por supuesto, en lo que se refiere a los puestos. No hay que hablar de cómo se distribuyen los contratos de obras.

El aeropuerto de Miami, el peor de la nación, situado en el medio de la ciudad, con grave peligro para los residentes, lleva años en constante proceso de construcción y reconstrucción. Miles de millones de dólares se han repartido los jerarcas de la política local utilizando el pretexto del aeropuerto.

Pero lo mismo ocurre en los otros departamentos. El puerto de Miami es una mina inagotable de donde sacan enormes recursos los que manejan el aparato de corrupción. El sistema escolar es otra mina. Los intereses económicos más sórdidos instalaron recientemente en la Alcaldía del condado a un abogado llamado Penelas y gastaron más de cuatro millones en la elección. Es decir, la corrupción en el sur de la Florida ha llegado a niveles asombrosos. Pero lo elegante, en la prensa, en la radio y en la televisión es mantener una posición discreta. No hacer mucho oleaje.

Es decir, lo que hay en esta zona es una sociedad de cómplices bien estructurada. El sheriff McDougall, cuando le advierte a los turistas que no vengan a la Florida está levantando una esquinita del velo que cubre la podredumbre. Lo correcto es engañar a los turistas y hacerles creer que no corren ningún peligro en la zona.

El hecho de que de vez en cuando los asesinan en las calles y no pasa nada, es irrelevante. Lo importante es salvar los enormes fondos que se destinan a la propaganda turística y los fabulosos sueldos que cobran los funcionarios locales. Tiene razón el Sheriff. Pero no es solamente el problema de los 500 criminales. El problema es de más envergadura. La zona es peligrosa porque se han ido desvaneciendo los requisitos que sirven de base a la civilización. Lo que impera es la ley del más fuerte. La ley del que tiene más dinero y más influencia. Son los más audaces, los más irresponsables, los más corruptos, los más culpables, los que definen las normas de conducta. Eso es lo que ocurre en un país, o en una ciudad, o en una región, cuando se organizan diversas mafias para controlarlo todo y lo hacen con impunidad. No solamente es conveniente aconsejarles a los turistas que no vengan sino que muy pronto será necesario sugerirles a las personas decentes que se vayan.

Diario *La Prensa,* 1997

CUBANOS EN MIAMI
fue impreso en los talleres gráficos de
Mosquito Editores
Miguel León Prado 182
Santiago de Chile.
El interior se imprimió en
papel bond 24, de 80 grms.
y la portada en cartulina
reverso blanco, de 250 grms.
Diciembre de 1998
Enero de 1999